跨境电子商务
应用型人才培养系列丛书

跨境电子商务
视觉设计

主 编 ◎ 陈继莹　于才晟
副主编 ◎ 杨竣茹　李红岩

清华大学出版社
北京

内 容 简 介

本书从跨境电子商务网店美工的视角出发,在详细介绍美工设计知识的基础上,提供了大量有关网店美工的实训案例及练习,理论与实践并重。全书共 8 章,分别为跨境电子商务网店美工认知,跨境电子商务网店的图片拍摄,跨境电子商务网店的图片处理,跨境电子商务网店首页装修,跨境电子商务网店详情页设计,跨境电子商务网店主图与推广图设计,跨境电子商务网店视频的拍摄、编辑与制作、跨境电子商务平台视觉营销的应用。每章既包含基础知识,也包含拓展实训,有助于读者掌握有关跨境电子商务视觉设计的基础技能,达到跨境电子商务 B2B 店铺设计助理岗位的技能要求。

本书适合作为中高等职业院校电子商务相关专业核心课程的教材,也可作为相关从业人员的参考用书。

本书封面贴有清华大学出版社防伪标签,无标签者不得销售。
版权所有,侵权必究。举报: 010-62782989,beiqinquan@tup.tsinghua.edu.cn。

图书在版编目(CIP)数据

跨境电子商务视觉设计 / 陈继莹,于才晟主编 .
北京:清华大学出版社,2024.6. -- (跨境电子商务应用型人才培养系列丛书). --ISBN 978-7-302-66462-8

Ⅰ. F713.36
中国国家版本馆 CIP 数据核字第 2024AC1226 号

责任编辑:邓　婷
封面设计:刘　超
版式设计:文森时代
责任校对:马军令
责任印制:曹婉颖

出版发行:清华大学出版社
网　　址:https://www.tup.com.cn,https://www.wqxuetang.com
地　　址:北京清华大学学研大厦A座　　邮　编:100084
社 总 机:010-83470000　　邮　购:010-62786544
投稿与读者服务:010-62776969,c-service@tup.tsinghua.edu.cn
质量反馈:010-62772015,zhiliang@tup.tsinghua.edu.cn
印 装 者:三河市君旺印务有限公司
经　　销:全国新华书店
开　　本:185mm×260mm　　印　张:10.75　　字　数:210 千字
版　　次:2024 年 6 月第 1 版　　印　次:2024 年 6 月第 1 次印刷
定　　价:65.00 元

产品编号:101659-01

前 言
Preface

随着跨境电子商务的飞速发展，用户的个性化需求越来越突出，电子商务平台前端页面的视觉效果和用户体验直接影响消费者的决策。视觉营销具有争夺稀缺流量、增强产品的感染力、激发消费者的购买欲望、建立品牌识别度的重要作用。它是一项系统工程，包括用户、产品、活动等主体。视觉营销通过信息架构设计，对信息进行分类、分层，使信息逻辑清晰，并将信息系统化地传递给客户；通过视觉设计，有效地传递企业营销意图；通过精心的交互体验设计，使用户快捷、舒适地完成购物，并提高复购率。对跨境电子商务而言，"无处不视觉，无处不营销"。

本书基于跨境电子商务网店美工岗位的工作技能需要，用实际案例与拓展训练进行教学，体现了"做中学""理实一体化"的教学理念，可为培养技能精湛又兼具设计理念的新时代产业人才提供支撑。

本书具有以下特色。

第一，设计新颖，实用性强。本书以实际应用为出发点进行设计，其内容均是读者在将来的生活和工作中会经常使用的，能够激发读者的兴趣并让读者全身心地投入，完成学习任务。本书中的所有实操都是经过层层筛选、去粗取精之后保留下来的，极具实用性、代表性。

第二，全过程讲解，避免艰涩的技术用语。多做才能会做，本书为每个章节设置任务实训，并配备图文并茂的讲解，使读者可以通过跟练逐渐熟悉所学技能。同时，本书语言描述尽量避免使用艰涩的技术用语，以提高读者的阅读效率和兴趣。

第三，本书不仅提供相关案例的素材和源文件，还配备了教学的教案、教学大纲、课程标准、期末试卷及答案，方便学生学习与老师的教学。

本书的参考学时为64学时，其中实训环节为32学时，各章的参考学时参见下面的学时分配表。

章	课程内容	学时分配/学时	
		讲 授	实 训
第1章	跨境电子商务网店美工认知	4	4
第2章	跨境电子商务网店的图片拍摄	4	4
第3章	跨境电子商务网店的图片处理	4	4
第4章	跨境电子商务网店首页装修	4	4

续表

章	课程内容	学时分配/学时	
		讲授	实训
第5章	跨境电子商务网店详情页设计	4	4
第6章	跨境电子商务网店主图与推广图设计	4	4
第7章	跨境电子商务网店视频的拍摄、编辑与制作	4	4
第8章	跨境电子商务平台视觉营销的应用	4	4
学时总计		32	32

本书由陈继莹、于才晟任主编,由杨竣茹、李红岩任副主编,具体为:陈继莹负责第1～3章的编写,于才晟负责第4～7章的编写,杨竣茹负责第8章的编写,李红岩负责前言的撰写以及参考文献和全书素材的收集整理。

由于编者水平有限,书中疏漏和不足之处在所难免,恳请广大读者及专家不吝赐教。

编者

2024年2月

目 录
Contents

第 1 章 跨境电子商务网店美工认知 1
- 1.1 初识跨境电子商务网店美工 1
  - 1.1.1 网店美工的定义 1
  - 1.1.2 网店美工的工作范畴 2
  - 1.1.3 网店美工的技能要求 5
- 1.2 跨境电子商务网店美工三大要点 5
  - 1.2.1 风格定位 5
  - 1.2.2 色彩运用 6
  - 1.2.3 视觉构图与页面布局 14
- 1.3 跨境电子商务网店文案三大要点 17
  - 1.3.1 文案的策划 17
  - 1.3.2 文案的前期准备工作 18
  - 1.3.3 文案的写作要点 18

第 2 章 跨境电子商务网店的图片拍摄 20
- 2.1 拍摄器材 20
  - 2.1.1 相机 20
  - 2.1.2 辅助配件与器材 21
- 2.2 拍摄场景、光线与布光 24
  - 2.2.1 拍摄场景 24
  - 2.2.2 光线 26
  - 2.2.3 布光 28
- 2.3 拍摄技巧与构图 29
  - 2.3.1 商品摆放技巧 29
  - 2.3.2 图片拍摄角度 30
  - 2.3.3 图片拍摄构图 32
- 2.4 图片的拍摄 35
  - 2.4.1 服装的拍摄 35

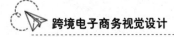

	2.4.2	箱包的拍摄	37
	2.4.3	珠宝首饰的拍摄	39
	2.4.4	日用百货的拍摄	40
	2.4.5	美食的拍摄	42

第 3 章　跨境电子商务网店的图片处理 48

3.1　调整图片尺寸 48
- 3.1.1　网店图片的常见尺寸 48
- 3.1.2　调整图片大小 49
- 3.1.3　裁剪图片 50

3.2　校正图片颜色 51
- 3.2.1　调整曝光不足的图片 51
- 3.2.2　调整曝光过度的图片 54
- 3.2.3　调整模糊的图片 57
- 3.2.4　调整偏色的图片 59

3.3　美化图片 62
- 3.3.1　清除图片瑕疵 62
- 3.3.2　虚化背景 63
- 3.3.3　美化模特 65

3.4　合成图像 68
- 3.4.1　纯色背景抠图合成 68
- 3.4.2　多色背景抠图合成 70
- 3.4.3　精细抠图合成 71
- 3.4.4　毛发毛绒类物品的抠图合成 72

第 4 章　跨境电子商务网店首页装修 77

4.1　首页店标装修 77
- 4.1.1　店标的定义与分类 77
- 4.1.2　店标制作的准备工作 79
- 4.1.3　店标的制作方法 79

4.2　首页店招装修 82
- 4.2.1　店招的制作原则 82
- 4.2.2　店招的制作要求 82
- 4.2.3　店招的制作方法 83

4.3　首页轮播海报装修 87
- 4.3.1　轮播海报的定义与构成 87
- 4.3.2　轮播海报的设计要点 88

　　　　4.3.3　轮播海报的制作方法 88
　4.4　首页优惠券装修 91
　　　　4.4.1　优惠券的设计要点 91
　　　　4.4.2　优惠券的制作方法 92

第 5 章　跨境电子商务网店详情页设计 96

　5.1　商品详情页认知 96
　　　　5.1.1　详情页的模块构成 96
　　　　5.1.2　详情页的设计要点 99
　5.2　制作商品详情页焦点图 100
　　　　5.2.1　详情页焦点图的定义与构成 100
　　　　5.2.2　详情页焦点图的制作方法 100
　5.3　制作详情页商品信息图 105
　　　　5.3.1　商品信息图认知 105
　　　　5.3.2　商品信息图的制作方法 107
　5.4　制作详情页商品细节图 111
　　　　5.4.1　商品细节图认知 111
　　　　5.4.2　商品细节图的制作方法 112

第 6 章　跨境电子商务网店主图与推广图设计 115

　6.1　主图设计 115
　　　　6.1.1　主图的设计要点 116
　　　　6.1.2　主图的制作方法 116
　6.2　直通车推广图设计 119
　　　　6.2.1　直通车推广图的定义与分类 119
　　　　6.2.2　直通车推广图的设计要点 119
　　　　6.2.3　直通车推广图的制作方法 120

第 7 章　跨境电子商务网店视频的拍摄、编辑与制作 127

　7.1　视频拍摄 127
　　　　7.1.1　视频拍摄的基础知识 127
　　　　7.1.2　视频拍摄的硬件设备 129
　　　　7.1.3　视频拍摄的总体要求与构图原则 130
　　　　7.1.4　视频拍摄的流程 133
　7.2　视频的编辑与制作 134
　　　　7.2.1　常用的视频编辑软件 134
　　　　7.2.2　视频编辑与制作的方法 137

第 8 章　跨境电子商务平台视觉营销的应用 146
8.1　亚马逊平台的视觉营销 146
8.1.1　亚马逊视觉营销简介 146
8.1.2　亚马逊"A+"页面 148
8.2　全球速卖通平台的视觉营销 153
8.2.1　全球速卖通简介 153
8.2.2　全球速卖通的店铺装修设计 153
8.3　其他主流跨境电子商务平台的视觉营销 156
8.3.1　eBay 平台的视觉营销 156
8.3.2　Wish 平台的视觉营销 159
8.3.3　Lazada 平台的视觉营销 160

参考文献 163

第 1 章　跨境电子商务网店美工认知

知识目标

1. 了解跨境电子商务网店美工的定义、工作范畴与技能要求。
2. 掌握跨境电子商务网店美工的风格定位、色彩运用以及视觉构图与页面布局。
3. 掌握跨境电子商务网店文案三大要点。

1.1　初识跨境电子商务网店美工

随着互联网和电子商务在国际贸易中的迅速发展，传统的国际贸易方式遭遇了极大的挑战，而新的国际贸易形式——跨境电子商务，在国家的"一带一路"倡议、"互联网+"战略的带动下呈现出高速度和高利润的迅猛发展态势。当前，跨境电子商务已经成为国内企业开拓海外市场、提升品牌国际形象和增强国际竞争力的利器，它不仅改变了传统的外贸经营模式，也改变着我国对外贸易的产业链布局，形成了新的业态模式。当前，无论是从市场规模、市场前景来看，还是从国际影响力来看，我国在跨境电子商务领域已经处于全球领先的位置。

跨境电子商务的视觉营销不仅是营销技术的一种方法，更是一种可视化视觉体验。视觉营销是指通过视觉体验达到产品营销或品牌推广的目的，可以理解为通过视觉的冲击和审美视觉感观激发顾客潜在的购买兴趣，达到推广产品或服务的效果。

随着电子商务的发展与网络购物的普及，视觉体验因决定着买家购物时的第一印象已受到越来越多的卖家的重视。无论是国内电子商务企业还是跨境电子商务企业，做好视觉营销有利于在第一时间抓住买家的眼球，延长其停留时间，提升网店的客流量、转化率与品牌认知度等。

1.1.1　网店美工的定义

网店美工是随着电子商务发展而兴起的职业，是对服务于淘宝、天猫商城、京东商城、唯品会等平台的网店的页面设计和美化工作者的统称。其工作类似于平面设计，即通过图形图像处理软件对商品的照片进行美化处理，通过文字和素材的组合，最终制作成网店装饰页面。其作用是从视觉上美化网店、传达商品信息、吸引消费者进店浏览、树立品牌形象。

区别于传统的平面美工和网页美工，网店美工不仅需要熟练掌握各种图形图像处理软件、页面布局知识，还需要了解商品的特点，并准确判断目标用户群的需求，这样才能设计出吸引用户眼球的网店页面。除此之外，跨境电子商务网店美工还要具备一定的外语知识。作为网店美工，不仅需要处理图片，还需要具备相应的营销思维，能在设计中加入自己的创意，因此是一种兼顾"美工设计"和"运营推广"的复合型职业人才。

1.1.2 网店美工的工作范畴

网店美工的工作范畴比较广泛，主要包括美化图片、设计页面、装修网店、设计推广图、制作视频等。

1. 美化图片

图片是网店商品的主要展现形式，拍摄的商品图片可能因为各种问题不能直接上架，需要网店美工对图片加以处理和美化，具体包括改变尺寸大小、调整颜色、输入文本、绘制形状等，从而提高图片的视觉效果，增强对消费者的吸引力。图 1-1 所示为调整图片颜色的前后效果。

图 1-1　调整图片颜色的前后效果

2. 设计页面

设计页面考验网店美工在页面布局、色彩搭配、创意输出等方面的能力，只有具备良好的审美与扎实的美术功底，才能独立完成网店首页、商品详情页的设计，从而吸引消费者的注意力，增加网店商品的销量。图 1-2 所示为两家家具网店的首页对比，左侧首页从色彩搭配、展示等方面体现了网店的风格，而右侧首页只是在展示商品，缺少设计感，与左侧首页相比，吸引力不足。

第1章　跨境电子商务网店美工认知

图 1-2　两家家具网店的首页对比

3．装修网店

页面设计完成后，网店美工需要对设计的店铺页面进行装修。网店美工在装修时应先在店铺中添加图片轮播、全屏轮播、宝贝推荐、自定义区等模块，然后编辑模块，从而快速完成网店店招、导航条、轮播海报等的装修。由于模块的尺寸较为固定，为了使网店页面更加美观，网店美工可采用模块与代码相结合的方法进行装修。图 1-3 所示为网店的部分模块和网店首页的部分装修效果。

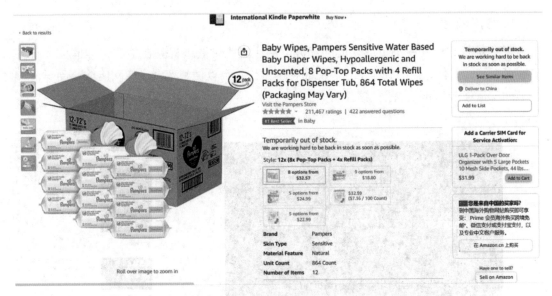

图 1-3　网店的部分模块和网店首页的部分装修效果

4．设计推广图

推广就是企业通过各种媒体让更多的消费者了解、接受其商品、服务、技术等内容，从而达到宣传的目的。对网店美工来说，推广主要是通过图片将店铺的商品、品牌、服务等信息传达给消费者，从而加深网店在他们心目中的印象，获得其认同感。由于不同企业的推广活动、推广手段不同，推广图的制作要求也有所不同，因此网店美工需要在企业要求的标准下及时有效地向消费者表达设计的意图，体现商品的价值。同时，商品文案的编写需要做到言之有据，让消费者能够快速理解并对商品产生深刻的印象。图 1-4 所示为推广图示例。

图 1-4　推广图示例

5．制作视频

视频是视觉设计中不可或缺的一部分。网店美工可通过视频在主图、详情页和首页中展现店铺的文化、商品制作工艺、商品使用方法等，以便消费者了解网店或商品详情。图 1-5 所示为某商品的主图视频。

图 1-5　某商品的主图视频

1.1.3 网店美工的技能要求

一名合格的网店美工需要满足以下技能要求。

（1）具有扎实的美术功底、良好的鉴赏能力以及卓越的创意思维。

（2）熟练应用 Photoshop、Dreamweaver、Premiere Pro 等常用的设计与制作软件；具有基本的图形图像处理与设计能力；对网店页面的布局及色彩的搭配有独到的见解。

（3）具有良好的文字功底，能够写出突出商品卖点的文案，并能通过图片和文字准确地向消费者展示商品的特点；能挖掘目标消费者的潜在需求。

（4）能够从运营、推广、数据分析的角度思考，将想法运用到页面设计中，以提升网店的点击率，从而激发消费者的购买欲。

1.2 跨境电子商务网店美工三大要点

1.2.1 风格定位

目前，网店页面设计主要有扁平化、立体化和插画风三种风格，这三种风格在视觉表达上各有优势。

1. 扁平化

扁平化风格的网店设计页面往往通过字体、图形和色彩等打造出层次清晰的视觉效果，整个页面具有较强的可读性，如图 1-6 所示。

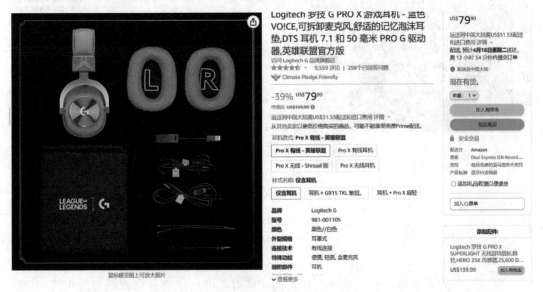

图 1-6 扁平化风格的网店页面

2. 立体化

立体化风格的网店设计页面包含用 Cinema 4D 与 Octane Render 制作并渲染的模型，可以呈现出别具一格的画面效果，整体页面十分立体、生动，如图 1-7 所示。

图 1-7　立体化风格的网店页面

3. 插画风

插画风的网店设计页面包含用手绘笔触绘制出的各种富有个性的形象，整个页面丰富有趣，如图 1-8 所示。

图 1-8　插画风的网店页面

1.2.2　色彩运用

掌握色彩的基本知识对于设计店铺页面非常有帮助，了解并掌握色彩的相关知识可以让网店美工的设计工作事半功倍。

1. 色彩三要素

（1）色相。色相是色彩的首要特征，是区别各种不同色彩最准确的标准。波长不同的光波作用于人的视网膜，会使人产生不同的颜色感受，形成色彩。色相具体指的是红、橙、黄、绿、青、蓝、紫等，它们的波长各不相同，光波比较长的色彩对人的视觉有较强的冲击力；反之，光波比较短的色彩对人的视觉的冲击力较弱。色相主要体现事物的固有色和冷暖感。对此，设计人员常参考约翰内斯·伊顿设计的12色相环，如图1-9所示。

（2）明度。明度是指色彩的深浅和明暗程度，明度变化如图1-10所示。色彩明度的变化即深浅的变化，可使色彩有层次感，体现出立体感和空间感。同一种色相有不同明度的差别，最容易理解的明度是白至黑的无彩色，黑色是最低明度，灰色是中级明度，白色是最高明度。在整体印象不发生变动的前提下，维持色相、纯度不变，通过加大明度差可以增添画面的张弛感。明度值越高，图像的效果越明亮、清晰；相反，明度值越低，图像效果越灰暗。塑造明度差别比塑造色相差别更容易将物体从背景中区分出来，因此，图像与背景的明度越接近，辨别图像就越困难；反之，则图像越清晰。

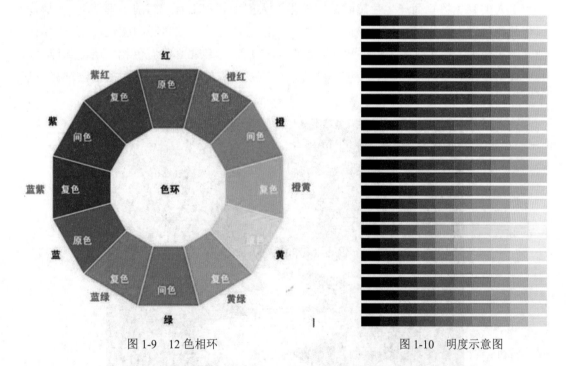

图1-9　12色相环　　　　　　　　图1-10　明度示意图

（3）纯度。纯度指的是色彩的鲜艳程度，也称色彩的饱和度、彩度、鲜度、含灰度等，如图1-11所示。红、橙、黄、绿、青、蓝、紫七种颜色的纯度较高。在每一种色系中，如红色系中的橘红、朱红、桃红，纯度都要比红色低一些。在同一色相中，纯度越高，越鲜艳、明亮，越能给人强有力的视觉刺激；相反，纯度越低，色彩就越柔和、平淡、灰暗。

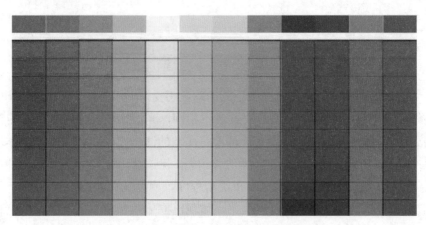

图 1-11 纯度表

2. 色彩搭配技巧

色彩心理是对客观世界的主观反映。色彩的直接心理效应来自色彩的物理光刺激对人的生理产生的直接影响，不同波长的光可以使人产生不同的心理活动。不同波长的光作用于人的视觉器官而产生色感时，必然导致人产生某种带有情感的心理活动。例如，红色能在生理上使人脉搏加快、血压升高，在心理上能给人以温暖的感觉，但长时间的红光刺激会使人产生烦躁不安的情绪，如图 1-12 所示。色彩都具有色相、明度和纯度，其中任何一个要素改变，都会使色彩的心理效应发生相应的变化。下面根据已掌握的基本色彩知识，学习店铺的色彩搭配。

图 1-12 以红色为主色调的画

（1）色相对比与调和的搭配技巧。色相对比是指两种或多种色彩共同存在时，可以综合影响人的心理。在进行色彩对比设计时，应使对比恰到好处，这样，画面才能艳而不俗、华而不浮，产生和谐的美感。色相对比与调和的程度一般可以分为5种程度：同类色对比与调和、类似色对比与调和、邻近色对比与调和、对比色对比与调和、互补色对比与调和，如图1-13所示。

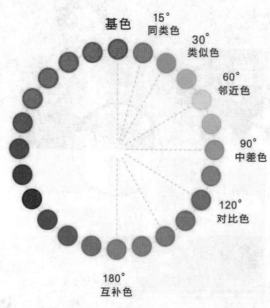

图1-13 色相对比与调和

① 同类色对比与调和：在色相环上相距15°左右的色彩为同类色。同类色色相非常接近，只能通过明度、纯度的差别来营造细腻、丰富的视觉效果。同类色对比与调和属于最弱的色相对比，一般用来表现雅致、含蓄、单纯、统一的视觉情感。

② 类似色对比与调和：在色相环上相距30°~45°的色彩为类似色。类似色色相差别小，但比同类色色相对比的差别大一些，仍要通过明度、纯度的差别打造丰富的视觉效果。类似色对比与调和属于弱色相对比，可以使画面色调和谐、统一。

③ 邻近色对比与调和：在色相环上相距60°左右的色彩为邻近色，邻近色对比与调和属于适中色相对比，可以使画面显得色彩丰富，同时由于色彩并不是非常对立，易于做到统一、调和。

④ 对比色对比与调和：在色相环上相距120°左右的色彩为对比色。对比色的对比与调和属于强色相对比，色彩差异大，能制造出色彩丰富、鲜明的视觉效果。

⑤ 互补色对比与调和：在色相环上相距180°左右的色彩为互补色。互补色对比与调和属于最强的色相对比，将色相的对比推向极致，可以满足视觉全色相（红、黄、蓝）的要求。互补色对比与调和可以使画面对比丰富、强烈、刺激，具有强烈的视觉冲击力，但需要合理搭配，否则将产生不协调、不统一、视觉感不集中的负面效果。

（2）明度对比与调和的搭配技巧。明度对比包括同色相和不同色相的明度对比。明度对比可加强明快感，对比越强，视觉效果越清晰，反之，视觉效果越模糊。单纯从颜色的明亮程度上来说，可分为高调、中调、低调三种明度。

① 高调：以高明度的颜色为主调，产生明亮的色彩基调，给人纯洁、柔软、轻盈、明亮的感觉，如图 1-14 所示。

图 1-14　高调搭配

② 中调：以中度明度的颜色为主调，产生中灰的色彩店调，给人朴素、沉稳的感觉，如图 1-15 所示。

图 1-15　中调搭配

③ 低调：以低明度的颜色为主调，色彩基调灰暗，给人凝重、古朴、神秘、宏伟的感觉，如图 1-16 所示。

图 1-16　低调搭配

只有选择符合色彩消费心理的、协调的色彩搭配，才能突显出网店的个性，才能在众多的竞争者中脱颖而出，吸引消费者，招揽大量的回头客，提高成交量。

3．不同色调配色

打开店铺的页面后，首先给买家带来视觉冲击的是店铺色彩。好的配色不但可以打动人心，而且可以大大提升成交率。在一定程度上，店铺使用一种固定的色彩搭配，更容易加强店铺或者品牌的辨识度。

（1）红色。红色能给人带来温暖、热情、充满活力的感觉，是一种视觉冲击力极其强烈的色彩，很容易吸引消费者的注意，是店铺设计中使用频率最高的颜色。在我国网店店铺页面的色彩设计中，红色和黄色往往被用来营造喜庆的氛围，能让消费者联想到节日、促销和网购节。在设计过程中，需要把握好对红色的使用量，如果用量过度，容易造成视觉疲劳。采用红色配色时，适当地加入黄色、橙色、白色和黑色等色彩作为点缀，能让页面过渡得更自然。图 1-17 所示为以红色为主色的配色方案。

图 1-17　红色色调配色

（2）橙色。橙色能给人带来舒适、明快的感觉，可以令人兴奋、富有活力，产生幸福的感觉。橙色属于红色和黄色的中间色调，其本身色调平衡性较好，不但能强化视觉感受，还能通过改变色调营造不同的氛围。橙色既能表现出年轻和活力，也能传达出稳重感，因此它在店铺页面中的使用率比较高，常常用于食品、儿童用品、家居等行业。图 1-18 所示为以橙色为主色的配色方案。

图 1-18　橙色色调配色

（3）黄色。黄色是阳光的色彩，能表现无拘无束的快活感和轻松感。黄色与其他颜色搭配时会显得比较活泼，象征着快乐、希望和个性。黄色是所有颜色中明亮度最高的，在店铺页面设计中，常用于华丽、时尚的产品，如高级家电、首饰、儿童玩具等。在进行颜色搭配时，建议选用红色、黑色、白色来搭配黄色，这些色彩的对比度大，容易形成画面层次的对比，突出商品主体；而黄色与蓝色、绿色或紫色搭配时，能形成轻快的时尚感。以黄色为主色的配色方案如图1-19所示。

图1-19　黄色色调配色

（4）紫色。紫色代表着优雅、高贵的气质，给人神秘、奢华、浪漫、梦幻的感觉。紫色属于冷色调，在使用紫色的同系色彩进行搭配时，能表现出宁静、优雅的感觉，如果加入少许互补色，则能在宁静的氛围中表现出华丽与开放感。紫色与红色、黄色、橙色搭配时，能让页面的整体色调对比强烈，表达出非凡的时尚感，更容易激起买家的购买欲望；紫色与白色搭配时，能让页面看起来更加简洁、大气和优雅；紫色与黑色搭配时，能让情绪氛围显得更神秘。以紫色为主色的配色方案如图1-20所示。

图1-20　紫色色调配色

（5）绿色。绿色会给人带来一种恬静、活力和充满希望的感觉，是最能表达自然力量的颜色，尤其是在和黄色搭配时，能呈现出很强的亲和力，表达出大自然生机勃勃的感觉。在店铺页面设计中，绿色往往受到环保、健康、天然类对产品的青睐，如保健品、土特产、化妆品等。由于绿色属于冷色调，如果整个页面仅使用这一种色彩，画面会显得冷清、单调，因此一般会搭配红色或者黄色以增加温暖感。以绿色为主色的配色方案如图1-21所示。

图1-21 绿色色调配色

（6）蓝色。蓝色作为最有代表性的冷色调，一直给人一种冷静、理性、可靠、成熟的感觉。在店铺页面色彩的应用中，蓝色常常和科技、智慧、清凉等联系在一起，所以适用于数码产品、汽车用品、医疗用品、清洁用品等。蓝色与红色、黄色、橙色等暖色搭配时，页面的跳跃感会比较强，容易激发买家的购买情绪；如果蓝色和白色搭配，则能使页面表现出清新、淡雅的感觉，同时能强调品牌。以蓝色为主色的配色方案如图1-22所示。

图1-22 蓝色色调配色

（7）无彩色系色彩。无彩色系色彩搭配是指用白色、灰色和黑色来设计页面。无彩色系色彩十分经典，永不过时，既能作为主色调来设计页面，也能作为辅助色与其他色彩搭配使用，是一种百搭的色彩。

如果在最初设计店铺时难以选择颜色，可以尝试使用无彩色系色彩，它对新手来说是十分安全的选择。无彩色系色彩也常常被用作大牌服装或奢侈品牌的主打颜色。以无彩色系色彩为主色的配色方案如图1-23所示。

不同颜色的搭配需要体现对比。一般来说，合格的设计需要有60%的主色、30%的辅助色，加上 10% 的点缀色，如图 1-24 所示。主色要比辅助色更清楚、更强烈。在一个页面中，占用面积大、受瞩目的色彩一般就是主色。辅助色的功能在于帮助主色建立完整的形象，使主色更漂亮。要判断辅助色使用得是否合理，就要看主色是否更加突出。辅助色可以是一种颜色，也可以是几种颜色。点缀色是指在色彩组合中占据面积较小、视觉效果比较醒目的颜色。主色和点缀色可形成对比，产生主次分明、富有变化的韵律美。

图 1-23　无彩色色调配色

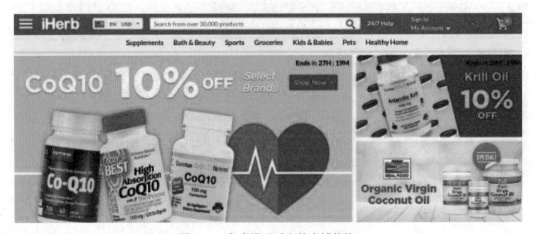

图 1-24　色彩搭配适宜的店铺装修

1.2.3　视觉构图与页面布局

合理的视觉构图与画面布局能让网店页面效果更加美观，也更能凸显网店商品的特点与价值。

1. 视觉构图

视觉构图是指画面中的各元素通过一定的方式构成一个协调完整的画面。不同的视觉构图方法会给消费者带来不同的视觉感受。

（1）中心构图：在画面中心位置放置主元素，如商品或促销文案。这种构图方法给人和谐、端庄的感觉，可以产生中心透视感，如图1-25所示。

图1-25　中心构图

（2）九宫格构图：用网格将画面平均分成9个格子，在4个交叉点中选择一个点或者两个点放置画面主元素，同时应适当考虑其他点的平衡与对比等因素。这种构图方法富有变化与动感，是常用的构图方法之一，如图1-26所示。

图1-26　九宫格构图

（3）对角线构图：使主元素居于画面的斜对角位置，能够更好地表现画面的立体效果。与中心构图相比，这种构图方法打破了视觉平衡，具有活泼生动的特点，如图1-27所示。

（4）三角形构图：以3个视觉中心为主要位置，形成一个稳定的三角形。这个三角形可以是正三角形，也可以是斜三角形或倒三角形，其中斜三角形较为常见。这种构图方法具有稳定、平衡但不失灵活的特点，如图1-28所示。

图1-27 对角线构图

图1-28 三角形构图

2．画面布局

一个完整的画面有很多不同的元素，合理地布局这些元素可使消费者产生舒适的视觉体验。网店美工在画面布局方面需要遵循以下原则。

（1）主次分明、中心突出：视觉中心一般在画面的中心位置或中部偏上的位置。网店美工应将网店促销信息或主推款商品等重要信息安排在最佳的视觉位置，而在视觉中心以外的地方安排次要的内容，这样可以在画面上突出重点，做到主次分明、中心突出，从而迅速吸引消费者的注意力。

（2）大小搭配、相互呼应：当展示多个商品时，网店美工可通过大小搭配的方式使画面错落有致，多个商品相互呼应。

（3）区域划分明确：合理、清晰地划分区域可以引导消费者快速找到自己的目标商品。

（4）简洁、一致：保持画面的简洁与一致是画面布局的基础，具体包括标题醒目，文字字体、颜色搭配得当，画面中的文本、商品与图形、标题之间的留白大小一致等。

（5）合理选用元素：画面中元素的选用要合理、精确且各元素在画面中的大小、间距与位置要合适。

（6）布局丰满、应有尽有：布局丰满并非所有模块的简单堆砌，而是将必要的模块全部展示出来，包括收藏模块、客服模块、搜索模块等必备模块，以全面展示店铺信息。

1.3 跨境电子商务网店文案三大要点

1.3.1 文案的策划

文案在网店营销中发挥着重要的作用，好的文案能够突出商品卖点、吸引消费者、提升品牌知名度。

（1）突出商品卖点。网店中的页面是靠图片与文字来介绍商品的。没有文字就无法完整表达商品的特点与卖点，而没有图片则无法吸引消费者。因此，图片和文字缺一不可。

（2）吸引消费者。优秀的文案能够有效地吸引消费者，能够精准贴合消费者的购买心理，从而促进商品的销售。好的文案相当于一名优秀的导购，不仅能很好地介绍商品，还能减少消费者的顾虑。

（3）提升品牌知名度。品牌和文案是相辅相成的，文案可以让更多的消费者了解并熟悉品牌，提升品牌知名度，吸引更多的消费者，并有机会将其发展为老客户，帮助品牌拓展市场。

文案策划不只是在需要的地方添加对应的文字，更需要通过对文字的运用引导消费者购买，从而达到营销目的。

网店经营中使用的文案主要包括主图文案、详情页文案与品牌故事文案三种。主图文案决定消费者对商品的第一印象，需要做到一目了然、突出重点；详情页文案需要层层深入且全面地介绍商品；品牌故事文案需要打动消费者，以情动人，令人信服。

只有抓住要点策划文案，才能写出优秀的网店文案。一般来说，可从文案的目标群体、目的、主题入手策划。

（1）文案的目标群体。编写文案前需掌握商品的目标群体，将目标群体的需求与商品相结合，分析买卖旺季、相关行业行情、卖出商品行情等。可以通过分析数据来掌握文案的目标群体，如从阿里指数了解女士风衣的销售情况，可以通过行业大盘点识别出8～10月为买卖旺季，需要加大促销力度；10月过后是买卖低谷，应该在其他商品销售上做出突破。

（2）文案的目的。要先明确文案写作的目的，再根据需要确定文案的写作方向。文案不仅要清楚地表达商品的特点，还要达到促进销售、吸引消费者的目的。除此之外，文案还要能提升品牌的知名度，加深消费者对品牌的印象。

（3）文案的主题。文案的主题主要分为两个方面：一方面是商品的特点，需要使用简单的词语表达出主题信息；另一方面要和消费者的实际利益挂钩，通过折扣、满减等促销信息吸引消费者。

1.3.2　文案的前期准备工作

想要取得满意的营销效果，不仅需要在文案的文字上下功夫，还需要在策划文案前对商品的销售环境进行必要的考察。文案的前期准备工作可以分成三个部分，分别是从基本信息中找到卖点、了解同类商品信息和准备资料，下面分别进行介绍。

（1）从基本信息中找到卖点。了解商品的基本信息是文案写作的前提条件。每个商品的文案都应从商品的材质、购买人群、卖点等出发，找到商品的关键词，用关键词体现其卖点。

（2）了解同类商品信息。俗话说"知己知彼，百战不殆"，文案策划人员不仅要了解自身商品的特点，还要与同类或相似商品信息进行分析和对比，在文案中突显自身商品的优势。

（3）准备资料。根据相关的节日或活动对商品信息、商品卖点进行剖析，拍摄重要的商品照片，并对图片进行适当的处理，方便后期图片制作。收集这些资料后，可建立不同文件夹分门别类地加以存放，并注意备份，以免造成不必要的损失。

1.3.3　文案的写作要点

文案成功与否取决于消费者的阅读体验。要提升消费者的阅读体验，就需要在文案中体现消费者关注的要点，主要包括以下内容。

（1）彰显品质，增强消费者信心。编写文案时，不仅应该说明商品的质量好、品牌好，还应该添加一些激励性文字，如"德国红点奖获奖花洒"，既说明该商品设计得好，也体现了商品的品质。从营销的角度看，这样可以暗示消费者该商品的质量、服务等都比较有保障，已经受到很多消费者的青睐，从而增强消费者信心，使其放心购买。

（2）巧妙对比，突显专业。要在同类型商品中体现自家商品的专业性，可从两点着手：一是和同类商品做对比，以细节打动消费者；二是用专业知识引导消费者购买。

（3）低价商品，强调品质。对于低价商品，买家最担忧的就是假货和质量问题。这时既可以使用图片表现品质，也可以在主图、详情页文案中予以说明。

（4）高价商品，强调价值。如果与同类型商品相比，自家店铺中的商品价格更高，此时应强调商品的价值，从各方面体现出价格高的原因，如商品的材质、做工、来源、卖点等。此外，还可为商品塑造故事或品牌文化，创造能够感动消费者的文化价值，从而获取消费者的认同感。

（5）有的放矢，消除困惑。在描述商品时，应尽量做到图文结合，有些消费者更喜欢从直观的图片中找到需要的信息，从而确定是否购买。因此，图片的真实性和文案的详细程度是影响转化率的重要因素。切记，商品的描述信息一定要清晰，表达要连贯，不要出现逻辑问题。

网店美工的基本流程

网店美工的基本流程可以细分为需求分析、素材收集、视觉设计、审核修改、完稿切图和上传图片六个步骤，如图1-29所示。

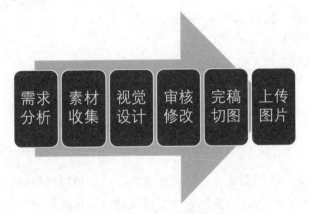

图 1-29　网店美工的基本流程

1. 需求分析

需求分析即明确商品的卖点与目标消费者，初步确定页面的风格。

2. 素材收集

根据初步确定的页面风格，收集、整理相关的素材，为视觉设计做准备。

3. 视觉设计

使用 Photoshop、Illustrator、Cinema 4D 等软件，按照之前的分析与构思实施视觉方面的整体设计。

4. 审核修改

这是指在网店设计过程中，使用修图、调色及合成等方式处理画面，经审核修改后反复调整，以达到合适的画面效果。

5. 完稿切图

在设计稿完成后，需要使用 Photoshop 等软件对页面进行切图，并将切图整理好，以便后续上传至网店。

6. 上传图片

将切图上传到后台的素材中心，然后进行网店的装修，发布后便可以进行商品的售卖。

第 2 章　跨境电子商务网店的图片拍摄

知识目标

1. 了解拍摄器材、辅助配件与器材。
2. 熟悉拍摄场景与布光的方法。
3. 掌握拍摄技巧与构图的方法。

2.1　拍摄器材

拍摄器材的性能对拍摄效果有着决定性影响,所以拍摄器材的选择十分重要。网店美工想拍出优质的商品照片,需要熟练掌握拍摄器材的相关知识,如相机的选择、辅助器材的选择、相机的使用技巧等。

2.1.1　相机

目前用于网店商品拍摄的相机主要分为两类,即单反相机和微单相机。从市场反馈来看,卖家对于单反相机拍摄的需求较大,但也有不少网店愿意用微单相机拍摄商品照片。从照片的实际拍摄效果来看,两者的区别并不大。

1. 单反相机

目前,卖家使用的单反相机主要是数码单镜反光相机(digital single lens reflex camera, DSLR),简称数码单反相机。这种相机具有非常成熟的拍摄系统,由机身与镜头两部分组成,镜头可以根据需要随意更换,如图 2-1 所示。

数码单反相机的机身取景器采用光学构造,取景速度很快,与肉眼观察的效果几乎无异,拍摄者可以拍到与构图效果一致的照片。

单反相机的整体响应速度很快,包括对焦速度、照片存储速度等。在电源方面,其续航能力较强,可以胜任高强度的持续拍摄任务。

目前,市场上的单反相机价格差异很大,既有三四千元的入门级相机,也有几万元的专业级相机。对于网店商品的拍摄来说,并不需要非常专业的单反相机,很多专业级相机的功能对于网店商品拍摄来说几乎用不到。

2．微单相机

微单相机是继单反相机之后出现的一种新型相机，它的特征体现在对单反相机结构的简化上，主要是采用一些小巧的电子部件取代了传统的光学部件，因此体积更小、制作成本更低，如图2-2所示。

图2-1　数码单镜反光相机

图2-2　微单相机

微单相机的主要优点是小巧轻便，对于常常需要外出拍摄的网店美工来说是不错的选择。它的缺点主要有：响应速度比较慢；对焦、照片存储、取景速度相比单反相机较为逊色；电池不是特别耐用，如果拍摄量很大，备用电池就显得非常重要了。

2.1.2　辅助配件与器材

网店商品摄影中常用的辅助配件与器材主要包括相机镜头、静物棚、灯光与反光附件等。

1．相机镜头

无论是单反相机还是微单相机，都有种类非常丰富的镜头可供选择。不过网店商品摄影并不会用到所有种类的镜头，如鱼眼镜头、移轴镜头等几乎不会用到，较常见的远摄镜头也很少使用。下面重点介绍比较常用的广角镜头、大光圈镜头和微距镜头。

（1）广角镜头。广角镜头最大的特点是具有比较宽广的视角，基于这个特点，它常被用于服装拍摄。例如，在室内拍摄服装时，由于空间限制，只有使用广角镜头才能拍摄出服装的全貌。此外，使用广角镜头还能营造一种有趣的空间拉伸感，使模特的身材看上去更加修长，提升画面的整体美感，为服装的展示效果加分。

除了服装拍摄，其他网店商品的拍摄很少使用广角镜头。广角镜头尤其不适合用来拍摄静物商品，因为它会产生夸张的变形，导致照片中商品的大小比例与实物相比有较大的差异。

（2）大光圈镜头。大光圈镜头通常是指光圈大于 f/2.8 的镜头，如常见的 50 mm f/1.4 镜头（见图 2-3）、85 mm f/1.8 镜头、100 mm f/2.8 镜头等。根据景深原理，在其他参数都不变的情况下，镜头的光圈越大，景深范围就越小，如果某个物体超过了景深范围，在画面中就会模糊不清。

由此，使用大光圈镜头可以获得更浅的景深，从而让不需要清晰展现的物体或背景呈现出虚化效果。

虚化效果主要有三个作用：一是通过虚化背景实现突出商品整体的效果；二是通过虚化商品其他部分实现商品局部的突出；三是通过虚化前景或背景营造唯美的画面氛围，如图 2-4 所示。

图 2-3　相机镜头

图 2-4　虚化效果

常见的大光圈镜头除了光圈比较大，其焦距往往是标准焦距或接近标准焦距，如 50 mm、35 mm、85 mm 等。对于商品摄影来说，利用标准焦距能够拍摄出自然的画面，物体大小比例关系与人眼看到的感受十分接近。因此，标准焦距的大光圈镜头对于拍摄者来说是一种很好的选择，可以用于多种题材的拍摄，可获得多种不同的拍摄效果。

（3）微距镜头。微距镜头是比较专业的一类镜头，其焦距为 50 mm～200 mm，如图 2-5 所示。这种镜头最大的特点是能够以极近的距离拍摄，十分清晰地表现被拍摄物体的细节，这是普通镜头难以做到的。

图 2-5　微距镜头

微距镜头有一个放大倍率的指标，如 0.5 倍、0.7 倍、1.0 倍等，放大倍率越大，说明微距镜头展现细节的能力越强。使用微距镜头拍摄商品时，由于拍摄距离变得很短，景深范围也会变得极小。在日常拍摄商品时，光圈收缩到 f/8.0 往往就可以获得非常清晰的画面了，但使用微距镜头拍摄商品时，为了获得足够的景深，往往需要极小的光圈。

2．静物棚

拍摄一些静物类商品时，可以使用静物棚来完成拍摄。将商品放到静物棚中，打开灯光，就可以比较容易地获得干净的背景和充分的照明效果，如图 2-6 所示。

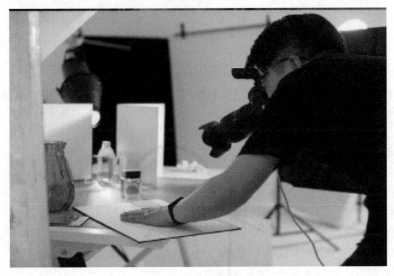

图 2-6　静物棚

静物棚分为很多种不同类型，首先是大小不同，静物棚并不是越大越好，如果拍摄很小的商品却使用很大的静物棚，就会导致光线的损耗很大，并且随着灯光照射距离的增加，光质也会偏硬。其次，有的静物棚便于携带，有的则更适合固定在某处使用，如果时常需要改变拍摄地点，最好选用便携式静物棚。再次，有的静物棚自带灯光，很适合不会布置灯光的初学者，但使用这种静物棚拍摄出来的照片的光线千篇一律，并不能满足专业网店商品摄影师的要求。

3．灯光与反光附件

（1）灯光。拍摄网店商品时会用到的灯光主要有三种：机顶闪光灯、影室灯与三基色灯，如图 2-7 所示。机顶闪光灯与影室灯的用法类似，它们只在拍摄的瞬间发光，优点是功率较大，可以提供比较充足的照明，缺点是拍摄者在拍摄前无法直观地看到光线的照射效果。其中，机顶闪光灯非常便于随身携带，而影室灯更适合固定在摄影棚中使用。三基色灯的特点是亮度不高，并且会有发热的现象，但它可以持续提供照明，拍摄者更容易布置灯光。

机顶闪光灯　　　　　　　　影室灯　　　　　　　　三基色灯

图 2-7　不同灯光

（2）反光附件。反光板是最常用的反光附件,它灵活、轻便,常常与上述灯光配合使用,起到补光的作用,如图 2-8 所示。在拍摄服装外景时,也常使用反光板调节自然光——通过反光板反射的光线照亮服装的细节。

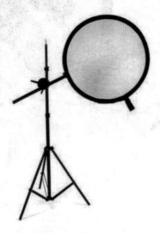

图 2-8　反光板

2.2　拍摄场景、光线与布光

拍摄商品时,需要根据不同的商品布置不同的拍摄场景,并采用不同的方法布光,以达到良好的拍摄效果。下面对商品的拍摄场景、光线和常见的布光方法进行介绍。

2.2.1　拍摄场景

由于商品的大小和类型不同,因此对拍摄场景的要求也不一样,只有搭建适合商品的场景,才能拍摄出满意的效果。下面分别对网店商品拍摄常用的三种场景进行介绍。

1．小件商品的拍摄场景

拍摄小件商品适宜布置整洁简单的场景，可以多用纯色背景，如黑色、白色、灰色的背景。另外，使用微型摄影棚（静物棚）既可以避免布景的麻烦，又可以拍出主体突出的商品照片。小件商品的拍摄效果如图2-9所示。

2．大件商品的室内拍摄场景

大件商品的室内拍摄对拍摄场地的面积、背景布置、灯光、环境等都有要求，除了需要准备一个摄影台，还应准备辅助器材，如三脚架、摄影灯、柔光箱、反光板等。拍摄一个大件商品时，尽量选择单色背景，而拍摄一组商品时，要善用配饰或其他物品营造氛围，如图2-10所示。

图2-9　小件商品的拍摄场景　　　　图2-10　大件商品的室内拍摄场景

3．大件商品的室外拍摄场景

大件商品的室外拍摄场景需要保持颜色统一且带有一定变化，如图2-11所示。

图2-11　大件商品的室外拍摄场景

2.2.2 光线

网店商品摄影中需要用到的光源主要分为两大类:自然光和人造光。这两种光线各有特点,从应用领域来看,自然光主要用于拍摄服装或一些大型商品,人造光则主要用于拍摄一些小商品。

1. 自然光

自然光是指自然界产生的光线,最主要的自然光是太阳发出的光线。对于网店商品拍摄来说,太阳光有着人造光不可比拟的一些优势。首先,太阳光可以提供大范围的照明,在拍摄服装外景时,要使环境和服装都能被照亮,太阳光是极佳的选择,如图2-12所示。其次,太阳光充足,光照效果不受拍摄距离的限制,无论是近距离拍摄,还是远距离拍摄,都可以获得足够的曝光量。最后,使用太阳光拍摄时,对摄影器材附件的要求较低,往往有一块反光板就可以很好地完成对光线的调整,如果对光质要求较高,再添置一块透光板就足够了。

图2-12 自然光下拍摄的照片

太阳光并不是一成不变的,只要掌握了太阳光变化的规律,就可以拍摄出丰富的画面效果。在不同的时间,太阳光光线的色温会不断变化,色温越低,光线的色彩越接近红色;色温越高,光线的色彩越接近蓝色。在一天当中,不同的时间对应着不同的色温,其变化规律如图2-13所示。

可以看出,太阳光色彩最富有个性的时间就是日出、日落前后。但对于网店商品拍摄来说,很多时候并不需要富有个性的光线色彩,中午时没有色彩倾向的太阳光才是最佳的选择。不过,中午时太阳光的照射角度并不太理想且适合拍照的时间比较短,所以通常在上午和下午拍摄商品。从光线的色温变化来看,上午和下午的太阳光略带一些暖色,通过相机的自动白平衡功能或后期处理,可以比较容易地校正光线的偏色,以还原商品的本来颜色。

第 2 章 跨境电子商务网店的图片拍摄

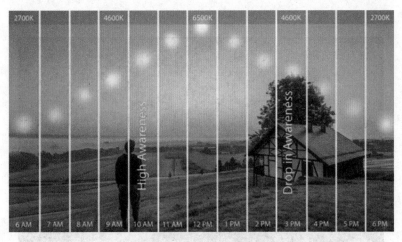

图 2-13 色温的变化规律

此外，太阳在天空中的高度时时发生着变化，因此在不同的时间，太阳光照射物体后产生的阴影也有所不同，如图 2-14 所示。

图 2-14 不同时间段太阳光照射物体后产生的阴影变化

对于服装拍摄来说，中午时段的光线会照射到人物的头顶，容易在人的脸部产生难看的阴影，虽然这对服装本身没有很大的影响，但人物面部阴影过于杂乱会影响画面的整体效果。

综合以上因素，无论是出于色温的考虑还是出于光影的考虑，上午和下午是运用太阳光拍摄商品比较理想的时段。

2．人造光

与自然光相比，人造光要复杂许多。从灯光器材上看，人造光的来源非常丰富。除了生活中的照明灯光，还有闪光灯、外拍灯、影室灯、三基色灯、LED 灯等许多专业的灯光，其中常用于网店商品拍摄的器材是闪光灯、影室灯与三基色灯。除了灯光，还有搭配使用的许多附件，如各种型号的灯架、引闪器、柔光箱、束光筒、滤色片等。

使用人造光最大的优势是可精确控制灯光，如灯光的亮度、照射的角度、灯光的色温等。拍摄者还可以使用组合灯光或组合不同的灯光与附件，获得不同的照明效果，并且不受时间、天气等自然因素的限制，拍摄效果如图 2-15 所示。

图 2-15　人造光下拍摄的照片

2.2.3　布光

布光又称照明或采光，主要包括对商品曝光的控制、光质的运用、光线照射角度的运用，以及各种光源的配合使用等。网店美工在拍摄商品时，既要熟练地利用好自然光，也要学会搭配组合拍摄所需的人造光。良好的布光可以让商品的颜色更鲜艳、细节更明显。

拍摄商品时有很多种布光方法，下面介绍三种常用的布光方法，网店美工可以根据需要灵活使用。

（1）正面两侧布光。正面两侧布光是商品拍摄中常用的布光方法。正面两侧布光能让商品表面受光均匀，没有暗角阴影，如图 2-16 所示。

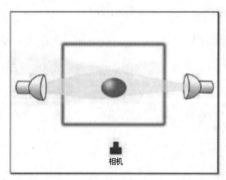 

图 2-16　正面两侧布光示意及效果

（2）两侧 45°布光。两侧 45°布光能让商品顶部受光，比较适用于拍摄外形扁平的商品，不适用于拍摄立体感强、偏高偏瘦的商品，如图 2-17 所示。

（3）前后交叉布光。前后交叉布光情况下，前侧光为主光源，后侧光可以增加商品的层次感，让商品更立体，如图 2-18 所示。

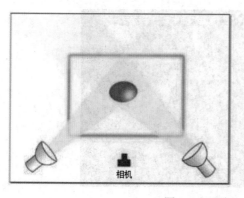

图 2-17　两侧 45°布光

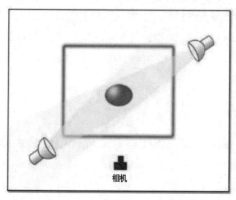

图 2-18　前后交叉布光

拍摄商品时，要把握好三个布光技巧：一是选择不同光质的光源。根据光的强度，将光分为柔光和直射光。柔光是指照射在被摄物体上不会产生明显阴影的光，属于漫反射性质的光，光源方向不明显。用柔光拍摄的画面影调平和。直射光是指照射在被摄物体上，使被摄物体有明显的背光面和受光面的光。用直射光拍摄的画面明暗反差较大、对比强烈，能够将物体的质感很好地表现出来，同时突显被摄物体的立体感。光源的能量强弱和距离远近都会影响光的强度。二是布置好光位。三是控制好光比。

2.3　拍摄技巧与构图

2.3.1　商品摆放技巧

在拍摄商品照片时，美工不仅需要考虑拍摄的器材，还需要对商品本身进行清洁和摆放，以达到更好的拍摄效果。对商品进行清洁是为了在镜头下完全地展示商品的真实面目，而对商品进行摆放则需要美工发挥自身的想象力，通过二次设计美化商品的外部曲线，使其具有独特的设计感与美感。例如，可以添加一些饰品作为点缀，美化画面，如图 2-19 所示。

图 2-19　商品摆放效果

此外，摆放多件商品时，不仅要考虑造型的美感，还要考虑构图的合理性；当内容过多时，画面就容易变得杂乱，此时可采用有序排列和疏密相间的方式摆放，既使画面看起来饱满、丰富，又不失节奏感与韵律感。

2.3.2　图片拍摄角度

拍摄角度主要有平摄、仰摄、俯摄、微距。在拍摄物体时要先观察被摄物体是正面好看还是侧面好看，然后再确定角度进行拍摄。

1. 平摄

平摄就是机位跟被摄物体大致在一条平行线上，这种角度接近人的视角，主要特点是透视效果好、不易产生变形，可相对真实地还原物体形态，如图 2-20 所示。

图 2-20　平摄照片

2. 仰摄

仰摄即从下往上拍摄，被拍摄的物体高于相机的机位，以这个角度拍出的照片具有很强的视觉冲击力，可以很好地表现出被摄物体的高大，如图 2-21 所示。

3. 俯摄

俯摄和仰摄机位正好相反，即从上往下拍摄。这种拍摄方式比较适合拍摄大场景，可以表现出场地的辽阔，也可用于拍摄产品的顶面，如图 2-22 所示。

图 2-21　仰摄照片

图 2-22　俯摄照片

4．微距

微距特别适合拍摄小而精致的商品，可以充分展示细节，表现其做工的精细程度，如珠宝首饰等，如图 2-23 所示。

图 2-23　微距照片

2.3.3 图片拍摄构图

构图的方法有很多,下面重点介绍五种常用的基本构图方法,分别是井字形构图法、中央构图法、对角线构图法、三角形构图法与留白构图法。其中,比较特殊的是留白构图法,它可以与其他四种构图方法相结合,贯穿于整个拍摄过程,是网店商品摄影中需要特别重视的一种方法。

1. 井字形构图法

井字形构图法是最为常见的一种构图方法,即通过两条横线与两条竖线将画面等分,这时四条线段就构成了井字形,并在画面中产生四个交点,如图2-24所示。拍摄者需要做的就是将商品主体安排到其中一个交点的附近。

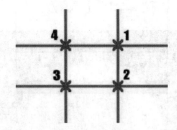

图 2-24 井字形构图法

有时,某些商品是成对出现的,这时往往要明确谁是主体,然后按照井字形构图法将主体安排在线段的交叉点附近。此外,在拍摄网店商品时,为了适应网店的页面布局,可能需要以1∶1或16∶9等比例来构图,这时也可以运用井字形构图法拍摄商品,它不仅适用于横幅取景,也适用于竖幅取景,如图2-25所示。

 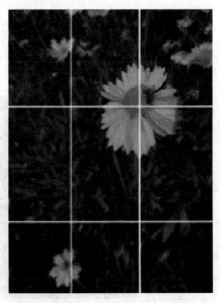

图 2-25 井字形构图法示例(左:横幅,右:竖幅)

2. 中央构图法

中央构图法，顾名思义，就是将被拍摄的商品主体安排在画面的中心，以达到突出商品本身的目的，如图 2-26 所示。

图 2-26　中央构图法示例

在拍摄商品时采用中央构图法主要出于以下四个方面的考虑。

（1）人们在观察一个画面时，往往比较容易将注意力集中到画面的中心，所以将商品安排到画面的中央，就很容易让观看者的视线集中到商品上。

（2）中央构图非常方便、精准，拍摄者可以利用相机取景器里的对焦点来确定画面的中心，对焦拍摄，即可获得符合中央构图法的画面。

（3）在对网店商品照片进行后期处理时，可能会在画面的四周添加一些宣传文字或说明文字，而采用中央构图法可以避免添加文字时遮盖商品本身。

（4）采用中央构图法拍摄商品，在后期处理时可以有较多的空间对画面的构图进行重新调整，以符合新的设计或排版的需要。

3. 对角线构图法

对角线构图法是将拍摄主体按照对角线排列呈现在画面中，这种构图方法会让画面显得更有活力。通常来说，条状物体比较适合采用对角线构图法，这是因为条状物体的摆放能产生一种方向感，而完全对称的物体，如正方体、球体等则无法产生这种感觉。除此之外，可以以一些物品的集合构成对角线，如图 2-27 所示。

此外，网店商品拍摄者在构图时可以将对角线构图法与前面介绍的取景方位、取景角度等技巧结合起来使用，以创造富有层次的画面变化。

4. 三角形构图法

三角形的稳定特质使三角形构图法常被用于商品的组合拍摄中，这种稳定既可以保证商品陈列的重心稳定，也会让人从视觉上感到稳定。在摆放要拍摄的商品时，可以使主要元素或线条构成三角形的形状，从而完成三角形构图，如图 2-28 所示。

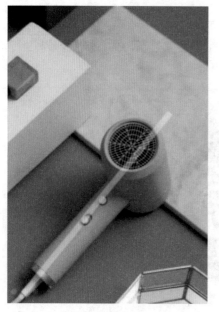

图 2-27　对角线构图法示例

图 2-28　三角形构图法示例

5. 留白构图法

留白构图法是指画面中适当地留出一些空白，以突出商品本身的重点。对于普通的摄影作品来说，留白常常被用作营造画面意境的一种构图技巧，而对于网店商品拍摄来说，留白的用处还有很多。例如，后期处理网店商品照片会添加一些装饰性或说明性文字，或者添加一些花边、水印等，所以在构图时要留有足够多的空白，否则容易遮挡商品主体，如图 2-29 所示。

图 2-29　留白构图法

2.4 图片的拍摄

2.4.1 服装的拍摄

服装是非常重要的一个商品门类,也是网店中非常热门的商品类别之一。在大部分情况下,服装拍摄需要专业模特协助完成,尽管有人存在,但它的拍摄技法不同于人像摄影。人像摄影更加注重对人物的表现,而服装摄影的拍摄重点是服装,甚至可以为了增强对服装的表现牺牲对人物的刻画。

1. 选择合适的场地突出服装

一个合适的外拍场地能够提供适合的背景,创造丰富的画面。

服装拍摄场地的选择应考虑服装风格,如拍摄连衣裙等,选择公园是比较恰当的,拍摄时可以利用公园道路创造画面的纵深感,消费者在观看照片时,视线会顺着小路的线条自然地移动到服装上。另外,要根据场地情况安排模特的动作,营造舒展、柔美的感觉,还可以使用大光圈标准镜头虚化绿植等,以突出服装效果,如图 2-30 所示。

图 2-30 选择合适的场地突出服装

2. 预设白平衡

以图 2-30 为例,由于拍摄时是晴天,这时的自然光是主光,闪光灯和反光板只起到辅助的作用。那么,在预设白平衡时,应该根据主光的特性做出调整,可以选择自动、室外、晴天模式，白平衡功能会加强图像的黄色，以此来校正颜色的偏差。如果在这种环境下设置成室内模式，白色物体就会偏蓝。

3．找准主要光源进行测光

由于服装的照明是由环境中的光线和反光板反射的光线共同完成的，所以测光之前可以安排助手到合适的位置手持反光板，再将测光模式切换到中央重点测光或点测光，将测光区域对准服装进行测光，获得一个准确的曝光参数组合，然后切换到手动模式，按照之前测定的参数设置完成下一步拍摄。

4．运用闪光灯勾勒轮廓

在拍摄服装时，闪光灯往往布置在人物的侧后方起到辅助的作用，所以它的亮度变化与服装是否曝光是无关的，其亮度变化主要影响的是服装和人物边缘的光线亮度。当角度不变时，闪光灯发出的光线越强，服装和人物边缘的亮度就越高。拍摄者需要重点调整的是闪光灯的照射角度，而不是亮度。总体来看，闪光灯越靠近模特的后方，服装和人物边缘的亮度就越低；闪光灯越靠近模特的侧面，服装和人物边缘的亮度就越高（通常不会将闪光灯放置到人物的正面）。闪光灯与自然光线充分配合，就能拍摄出不错的画面效果，如图2-31所示。

图2-31　运用闪光灯勾勒轮廓

5．变换角度

为了全方位地展示服装的各个细节，拍摄者除了从正面拍摄，还可以选取不同的角度进行拍摄，如侧面拍摄、背面拍摄等。在变换角度时，一方面要控制好景深，另一方面应将焦点直接对准服装，只要服装是清晰的，人物面部有些轻微的脱焦没有太大的影响。

在变换角度时，拍摄者应让模特来回转动，而不是自己调整位置。因为一旦拍摄者调整了位置，灯光、反光板的位置也要跟着变化，不利于提高拍摄效率。

当模特侧身时，服装的纵深增大，因此拍摄者需要调节景深，缩小光圈、扩大景深后再拍摄，收缩光圈后增加感光度能够补偿曝光，效果如图2-32所示。

第 2 章 跨境电子商务网店的图片拍摄

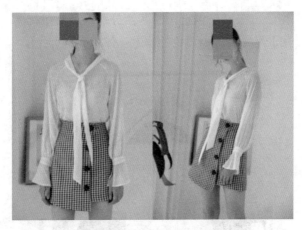

图 2-32 变换角度进行拍摄

6．构图时预留后期裁切空间

服装细节可以通过近距离拍摄来展现，但没有必要采用微距镜头以极近距离拍摄。采用大光圈镜头拍摄，结合后期裁切也可以展现出细节。实际拍摄中，取景时应留出一定的画面空间，没有必要让服装充满整个画面，留有更多空间的照片在后期裁切时可以有更多的修改空间，如图 2-33 所示。

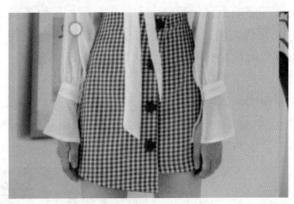

图 2-33 预留后期裁切空间

2.4.2 箱包的拍摄

箱包不仅具有储物的功能，而且能够彰显使用者的个性。下面以一款时尚女士手提包的拍摄为例，详细介绍箱包的拍摄方法与技巧。该拍摄案例将女式手提包的拍摄地点选择在室内，主要是因为在室内方便布置场地，能够比较随意地控制灯光效果，重点展现商品本身。为了刻画手提包的设计细节，拍摄者需要使用放大倍率较高的微距镜头，在用光方面，模拟自然环境中柔和的光线比较好。

在拍摄前，拍摄者首先要全面了解商品的特点（这款手提包做工精细、款式时尚、颜色鲜艳，包身材质为哑光的荔枝纹皮料），其次要提炼出一些重点部位进行细节展现。

在布光上采用环形布光法，在手提包正面的两侧分别放置两盏持续光源，在手提包的上方放置一盏灯用于照亮手提包顶部和白色的背景，如图2-34所示。

图2-34 布光示意图

1. 试拍并确定曝光组合

将灯光以较高的角度照向手提包后，进入试拍环节，目的是确定曝光组合。先将相机的拨盘调到A档（光圈优先模式），为了拍摄出细腻的画质，将ISO值设置为100、光圈设置为F8，拍出样片后发现快门速度为1/50 s，画面轻微过曝，包身泛白，如图2-35左图所示。

快门速度会影响画面的清晰度。为了提高快门速度，这里分别采取了提高感光度和调大光圈两种措施，最终决定将ISO值更改为200，快门速度提高到1/80 s，此时画面曝光较为正常，效果如图2-35右图所示。

图2-35 拍摄对比图

2. 拍摄手提包的正面、侧面与背面

拍摄者从手提包的正面、侧面、背面等多个角度拍摄，将手提包的外观完整地展现出来，让消费者更加直观地了解手提包的外观特征，如图2-36所示。

图 2-36 从各个角度拍摄手提包

3．拍摄细节特写

这款女士手提包本身的做工和质量都很不错，因此要从细节入手，拍摄画质精良的图片以体现其品质，这些细节主要包括材料质感、走线和拉链等，需要使用微距镜头进行拍摄。

拍摄者在拍摄拉链、包扣的特写时，拍摄角度要侧一些，以免金属映照出拍摄者或相机。在拍摄材料质感、走线时重在体现其细腻、精致，构图明确、拍摄清晰即可，如图 2-37 所示。

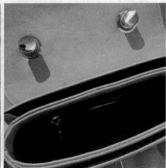

图 2-37 手提包细节特写拍摄

2.4.3 珠宝首饰的拍摄

珠宝首饰的尺寸一般不大，因此拍摄时对于商品细节的把握要求更高，一些肉眼容易忽视的细节，在拍摄时可能会成倍地放大。下面以玛瑙手链的拍摄为例进行介绍。

考虑到要对单颗玛瑙进行细节特写的拍摄，所以需要准备微距镜头。此外，玛瑙具有很强的反光性，这就要求拍摄者在拍摄时选择恰当的光源，减少玛瑙表面高光点造成的影响。

在光源上，可以考虑使用柔光箱，这样既可以获得柔和的光线，又可以让玛瑙上的高光区域变大，看上去更有光泽。布光示意图如图 2-38 所示。

拍摄珠宝首饰时，背景布置非常重要。白色背景是一种比较普通但很稳妥的选择，后期修图也更加容易，它最大的问题是会导致画面单调，而彩色背景容易让珠宝首饰显得廉价。如果后期处理人员对于照片没有特殊要求，拍摄者可以选择一些更有质感的背景来提升珠宝首饰的品质，如深色的桌面和木制摆件作为玛瑙手链的拍摄背景就是一个不错的选择。首先，这种背景本身具有丰富的纹理和层次感；其次，木制摆件与玛瑙手链搭配在一起别具一格，相比白色背景更加厚重、大气，有利于提升玛瑙手链的品质，如图2-39所示。

图2-38 布光示意图

图2-39 以深色的桌面和木制摆件作为背景的玛瑙手链照片

2.4.4 日用百货的拍摄

日用百货包含的范围比较广，是网店商品中的一个重要品类。实用性是其吸引消费者关注的重点，因此拍摄这种商品的照片时应将这种实用性形象地展示给消费者。此外，日用百货的照片要有很强的生活气息，要贴近消费者的日常生活，这样才能激发消费者的购买欲望。本节以收纳盒为例详细介绍如何拍摄日用百货。

首先通过配饰和背景来展示收纳盒的整体形象，然后通过参照物来说明收纳盒的容量大小，最后拍摄一些适合后期处理的照片素材，以备网店卖家的不时之需，其布光示意图如图2-40所示。

在拍摄时，选择一些比收纳盒尺寸小的物品放入盒中，可以让整个收纳盒显得充实，画面也比较饱满，更能突出收纳盒的收纳功能。如果不放置物品或放入物品太少，就会让整个收纳盒看上去略显单调，直接影响表现效果。在收纳盒内放入物品后，拍摄者在拍摄时要注意对焦点是收纳盒，因为它才是真正需要清晰展示的核心商品，如图2-41所示。

图2-40　布光示意图

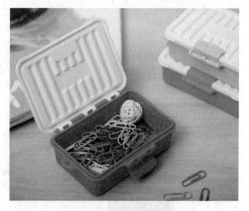

图2-41　在收纳盒内放入物品后进行拍摄

拍摄收纳盒的外观照片时，拍摄者要注意从不同的角度拍摄，全方位展现商品形象。此外，在开闭状态上也要有所变化，这样既可以生动地展示商品的实际使用状态，也可以避免画面过于呆板、单调，如图2-42所示。

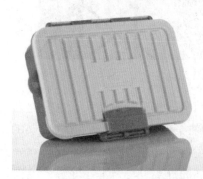

图2-42　多角度拍摄

在该拍摄案例中，可以将闹钟作为收纳盒的参照物，以此来说明其尺寸大小，如图2-43所示。在取景构图时，拍摄者采用俯摄可以直观地表现大小关系。另外，还可以选择比较简单的背景，让画面更加简洁、大气。

图2-43　以闹钟作为收纳盒的参照物

2.4.5 美食的拍摄

现在有越来越多高品质、好口碑的特色美食在电子商务平台上销售，这类商品照片的质量直接关系到商品的销量。下面以特色小吃麻辣小龙虾为例详细介绍如何拍摄美食。

拍摄时，要将麻辣小龙虾的新鲜感、色彩、光泽表现出来，关键是选取适当的光线。其布光示意图如图2-44所示。

图2-44　布光示意图

在拍摄选料加工环节时，建议拍摄者使用中长焦的微距镜头。这是因为拍摄者需要与选料加工人员保持一定的距离，以避免污物沾染到镜头上或干扰加工人员的正常工作。

拍摄选料加工环节时的光线应以顺光为主，通常在这个环节不容易布光，拍摄者可以考虑使用机顶闪光灯来完成拍摄。将闪光灯的灯头直接对准小龙虾，确保开启了闪光灯的TTL（through the lens）模式，这样能让补光效果更加自然。

图2-45以组照的形式展现了小龙虾选料加工的过程，能让消费者观察到小龙虾的品质，从而放心购买。

图2-45　选料加工过程的组照

在拍摄小龙虾烹饪过程的照片时，拍摄者最好使用长焦镜头，避免热油沾染到镜头上，最好再给镜头加上 UV 镜进行保护。另外，由于烹饪是一个动态的过程，所以需要设置较快的快门速度，以便拍摄到清晰的画面。

刚出锅的小龙虾色泽较好，这时可以运用高速快门锁定烹饪的动作，让消费者通过过照片感受到它的新鲜与美味。接着可以用筷子夹起小龙虾拍摄特写，这样既能突出拍摄的主体内容，又能丰富画面整体的层次感，让消费者食欲大增，如图 2-46 所示。需要注意的是，拍摄者在拍摄时要确保筷子的稳定，不要因为抖动而导致脱焦。

图 2-46　刚出锅时的小龙虾

拍摄麻辣小龙虾这类简单但又色彩突出的美食时，拍摄者可以尝试采用两种取景角度：一种是比较传统的斜 45° 取景，这种取景角度可以展现出画面的立体感与延伸感。另一种是垂直 90° 拍摄，这种拍摄方式可以获得非常干净、简洁的画面；减少桌上杂物对画面的影响，同时在视觉感受上给人以强烈的美感，如图 2-47 所示。

图 2-47　不同取景角度的对比

当其他条件不变时，拍摄者可以通过设置白平衡的 K 值改变画面的冷暖色调，而冷暖色调的变化又会改变小龙虾的色彩感觉。当画面偏暖时，小龙虾会偏向橘色，如图 2-48 所示，给人一种热腾腾的感觉；当画面偏冷时，小龙虾会偏向紫红色，显得更加诱人。在实际拍摄过程中，拍摄者可以根据不同的需要灵活掌握。

图 2-48　暖色拍摄的画面

制作摄影棚并进行拍摄

本实训通过挑选一款合适的相机，亲手制作一个小型摄影棚，完成对小型商品的拍摄。在拍摄时，需要掌握灯光的布局，最终的拍摄效果如图 2-49 所示。

图 2-49　拍摄效果

1．设计思路

根据小型商品的特点，可从以下几个方面做好拍摄前的准备工作。

（1）掌握拍摄中对相机的具体要求，包括选择相机的型号和设置使用的功能参数。

（2）掌握小型摄影棚的制作方法，包括制作材料的准备和小型摄影棚的搭建。

（3）掌握光源的布置技巧，包括光源的摆放等。

2. 知识要点

要完成小型商品的拍摄，需要掌握以下知识要点。

（1）在拍摄前了解相机的选购方法，并对配件进行选购，选择适合拍摄小型商品照片的相机及其配件。

（2）使用胶水和剪刀等工具裁剪、粘贴纸箱，制成小型摄影棚，制作时应着重注意对称的问题。

（3）因为商品较小，所以充足的光源成了必备条件。通过台灯、柔光箱和反光板等工具照明，确保布光均匀。

3. 操作步骤

自制摄影棚并拍摄小型商品的具体操作步骤如下。

步骤1：在拍摄前选择一款合适的单反相机。因为拍摄的是小型商品，所以应该选择感光元件尺寸大、具有微距功能且可更换镜头的相机，如图2-50所示。

图2-50　相机的选择

步骤2：相机选定后，要根据摄影棚的大小选择配件和辅助器材。因为摄影棚较小，所以应选择遮光罩、照明灯、背景纸等常规小件辅助器材，并将其放于一侧，如图2-51所示。

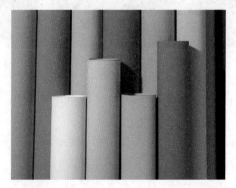

图2-51　配件与辅助器材

步骤3：准备好制作小型摄影棚需要的材料，包括美工刀、尺子、铅笔、固体胶、透明胶、剪刀和纸箱等，如图 2-52 所示。

图 2-52　制作小型摄影棚的材料

步骤 4：用铅笔在纸箱的前后左右四个面上画出裁切线，区别需要保留的部分和需要裁切的部分，然后使用美工刀沿着裁切线切掉不要的部分，注意保持切口的平直，如图 2-53 所示。

步骤 5：打开箱子的顶部，合上底部并用胶带将纸箱底部的边缝和中缝密封，如图 2-54 所示。

图 2-53　裁切纸箱　　　　　　　　　　图 2-54　密封纸箱底部

步骤 6：按照纸箱的宽度和高度为标准裁剪一块纸板，制作成一个展示台，整体效果如图 2-55 所示。

步骤 7：在外侧使用黑色或白色背景纸搭建小型摄影棚，并摆放照明工具查看照明的效果，多使用白炽灯来完成，如图 2-56 所示。

步骤 8：在展示台上铺上白色背景纸等进行装饰，然后放入商品即可拍摄。拍摄时应注意商品的摆放角度，效果如图 2-57 所示。

图 2-55 制作展示台

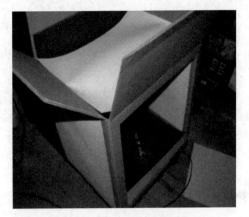
图 2-56 制作摄影棚并添加照明工具

图 2-57 拍摄

第 3 章　跨境电子商务网店的图片处理

知识目标

1. 了解网店图片的常见尺寸。
2. 掌握调整图片尺寸、校正图片颜色等的方法。
3. 掌握美化图片内容和合成图像的方法。

3.1　调整图片尺寸

商品图片拍摄完成后,由于商品图片的使用情况不同,所以需要的尺寸大小也不相同。此时可以先调整商品图片的尺寸,再根据需求对商品图片进行裁剪等操作。本节先讲解网店图片的常见尺寸,再对调整图片大小与裁剪商品图片的方法分别加以介绍。

3.1.1　网店图片的常见尺寸

不同店铺对图片尺寸的要求是不同的。店铺装修中需要用到首页、主图、商品详情页等模块,这些模块一般有一定的尺寸限制或者大小限制。以阿里巴巴国际站为例,其对商品主图的像素要求是 750×750 像素、1000×1000 像素,如表 3-1 所示。

表 3-1　阿里巴巴国际站的常见图片尺寸及具体要求

范　围	图片位置	大　小	尺寸/像素	格　式
商品发布相关	商品主图	3 MB	750×750,1000×1000	JPEG、JPG、PNG
	商品详情中插入的图片		宽度≤750,高度≤800	
公司账户图片相关	头像上传	≤200 KB	120×120	JPEG、JPG、PNG
	公司标志		建议 68(宽)×50(高)	
	公司形象展示图		建议 220(宽)×220(高)	
	如何上传各种证书		/	
	栏目图片		宽度≥500,高度不限	JPEG、JPG、GIF
	报价图片		/	

续表

范　围	图片位置	大　小	尺寸／像素	格　式
旺铺图片相关	通栏	≤ 2 MB	宽度 =990，高度不限	JPEG、JPG、PNG
	双栏		宽度 =790（双栏大），宽度 =190（双栏小），高度不限	
	三栏		宽度 =590（双栏大），宽度 =190（双栏小），高度不限	
	招牌		宽度 =990，高度：100 或 200	
	banner		宽度 =990，高度：200、250、300、350、400	
	导航		990（宽）×33（高）	
	旺铺背景图		2000（宽）×3000（高）	
	旺旺头像		80（宽）×80（高）	

3.1.2 调整图片大小

使用相机拍摄的商品图片的尺寸都比较大，不符合网店各模块对图片的尺寸要求，因此需要对商品图片的尺寸大小进行调整。在 Photoshop 2021 中，可以通过"图像大小"对话框对商品图片的大小进行调整，调整后商品图片的像素和尺寸大小都将发生变化。其方法为：在 Photoshop 2021 中打开素材文件，选择"图像"→"图像大小"菜单命令，打开"图像大小"对话框，在其中设置尺寸，设置完成后单击"确定"按钮即可，如图 3-1 所示。

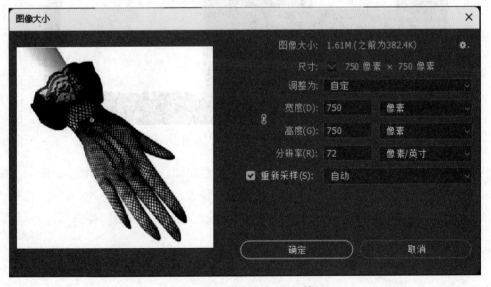

图 3-1　"图像大小"对话框

3.1.3 裁剪图片

当商品图片的构图不符合实际需要或只需要使用商品图片的某一部分时，可对商品图片进行裁剪。裁剪分为按固定尺寸裁剪图片和裁剪细节图片两种。

1. 按固定尺寸裁剪图片

在制作商品图片时，网店美工常被要求将商品图片裁剪为某个固定尺寸，以便后期编辑，下面介绍其具体操作。

操作要求：将"手套.jpg"素材文件裁剪为 750 像素 ×750 像素的固定尺寸，保留中间部分，以方便后期主图的制作，其具体操作如下。

步骤 1：打开"手套.jpg"素材文件（素材\第 3 章\手套.jpg），在工具箱中选择"裁剪工具" ，在工具属性栏中的"选择预设长宽比或裁剪尺寸"下拉列表框中选择"宽 × 高 × 分率"选项，在右侧的文本中分别输入"750 像素""750 像素""72"，在"分辨率"下拉列表框中选择"像素/英寸"选项，如图 3-2 所示。

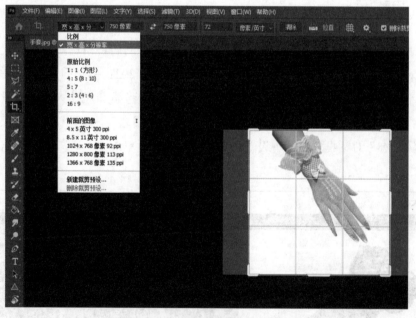

图 3-2　打开"手套.jpg"素材文件

步骤 2：返回图像编辑区，可以发现图像中已经出现了裁剪框，如图 3-3 所示。按住鼠标左键不放并拖曳，可以调整裁剪框在图像中的位置。

步骤 3：确定裁剪位置后，按 Enter 键即可完成裁剪操作，如图 3-4 所示。

2. 裁剪细节图片

细节图的好坏在一定程度上决定了一款商品是否能够在第一时间吸引消费者，是影响成交的主要因素之一。大量的细节图片可以全方位地表现商品的各种外观、性能。细节图可以直接使用拍摄的原图进行放大裁剪，但该方法只适用于高质量、高清晰度的商品图片，若图片质量不佳则建议使用具有微距功能的相机拍摄细节特写。裁剪细节图片的方法为：打开商品图片，选择"裁剪工具"，此时在图像编辑区中将出现8个控制点，用于确认裁剪区域，按住 Alt 键不放并拖动控制点以确认裁剪区域，完成后单击图像的其他区域即可完成细节部分的裁剪操作，效果如图 3-5 所示。

图 3-3　调整裁剪框　　　　　　　　图 3-4　完成裁剪操作

图 3-5　裁剪细节图片

3.2　校正图片颜色

3.2.1　调整曝光不足的图片

曝光不足的商品图片会呈现出亮度不足的问题，所以在调整该类商品图片时首先需要解决亮度问题。本例要求调整"车厘子.jpg"素材文件的明暗度和对比，以增加其曝光度，使商品图片恢复原本的色调，具体操作如下。

步骤1：打开"车厘子.jpg"素材文件，如图 3-6 所示。

图 3-6 "车厘子.jpg"素材文件

步骤 2：选择"图像"→"调整"→"色阶"菜单命令，打开"色阶"对话框，设置"输入色阶"的 3 个滑块值分别为"0""1.2""220"，单击"确定"按钮，完成后如图 3-7 所示。

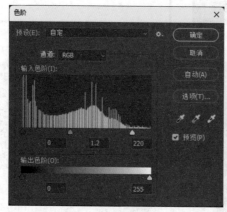

图 3-7 调整色阶

步骤 3：选择"图像"→"调整"→"亮度/对比度"菜单命令，打开"亮度/对比度"对话框，设置"亮度""对比度"分别为"20""40"，完成后单击"确定"按钮，如图 3-8 所示。

图 3-8 调整亮度/对比度

步骤 4：选择"图像"→"调整"→"曝光度"菜单命令，打开"曝光度"对话框，设置"曝光度""位移""灰度系数校正"分别为"+0.2""0""0.80"，完成后单击"确定"按钮，如图 3-9 所示。

图 3-9　调整曝光度

步骤 5：选择"图像"→"调整"→"阴影 / 高光"菜单命令，打开"阴影 / 高光"对话框，设置"阴影"为"10"、"高光"为"0"，完成后单击"确定"按钮，如图 3-10 所示。

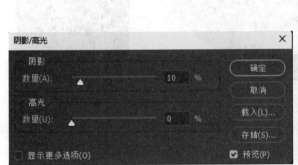

图 3-10　调整阴影 / 高光

步骤 6：返回图像编辑区，可发现车厘子的明暗对比有了明显变化，并且其暗部也出现了更多的细节，按 Ctrl+S 组合键保存文件，完成后的效果如图 3-11 所示。

图 3-11　最终效果

3.2.2 调整曝光过度的图片

与曝光不足相对的是曝光过度，曝光过度的商品图片会呈现出过于明亮、发白的效果，所以在调整该类商品图片时，需要先降低图片的亮度，再进行曝光度的调整。本例要求通过"曝光度""亮度/对比度""自然饱和度"等命令对"梨.jpg"素材文件进行曝光度的调整，具体操作如下。

步骤 1：打开"梨.jpg"素材文件（素材\第 3 章\梨.jpg），如图 3-12 所示，可发现整体效果过亮，存在曝光过度的情况，按 Ctrl+J 组合键复制图层。

图 3-12　"梨.jpg"素材文件

步骤 2：选择"图像"→"调整"→"曝光度"菜单命令，打开"曝光度"对话框，设置"曝光度""位移""灰度系数校正"分别为"-0.28""-0.01""1.00"，完成后单击"确定"按钮，如图 3-13 所示。

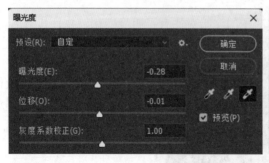 

图 3-13　调整曝光度

步骤 3：选择"图像"→"调整"→"亮度/对比度"菜单命令，打开"亮度/对比度"对话框，设置"亮度""对比度"分别为"-10""50"，完成后单击"确定"按钮，如图 3-14 所示。

图 3-14 调整亮度/对比度

步骤 4：选择"图像"→"调整"→"自然饱和度"菜单命令，打开"自然饱和度"对话框，设置"自然饱和度""饱和度"分别为"+10""-10"，完成后单击"确定"按钮，如图 3-15 所示。

图 3-15 调整自然饱和度

步骤 5：选择"图像"→"调整"→"色阶"菜单命令，打开"色阶"对话框，设置"输入色阶"的 3 个滑块值分别为"13""0.9""240"，完成后单击"确定"按钮，如图 3-16 所示。

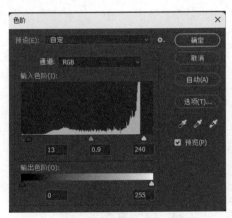

图 3-16 调整色阶

步骤 6：选择"图像"→"调整"→"曲线"菜单命令，打开"曲线"对话框，在曲线上单击添加调整点，向下拖曳调整点以降低整体的色调，完成后单击"确定"按钮，如图 3-17 所示。

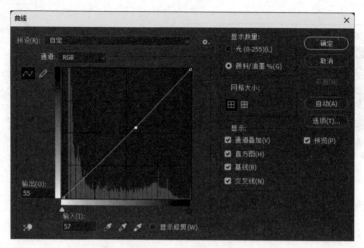

图 3-17 调整曲线

步骤 7：选择"图像"→"调整"→"阴影/高光"菜单命令，打开"阴影/高光"对话框，设置"阴影"为"0"、"高光"为"20"，完成后单击"确定"按钮，如图 3-18 所示。

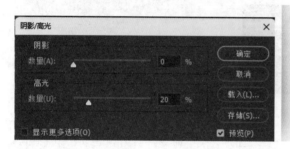

图 3-18 调整阴影/高光

步骤 8：选择"滤镜"→"锐化"→"USM 锐化"菜单命令，打开"USM 锐化"对话框，设置"数量""半径""阈值"分别为"60""5.0""20"，完成后单击"确定"按钮，如图 3-19 所示。

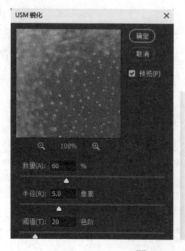

图 3-19 调整 USM 锐化

步骤 9：返回图像编辑区，可以发现梨的轮廓更加清晰了，效果如图 3-20 所示，完成后按 Ctrl+S 组合键保存图像。

图 3-20　最终效果

3.2.3　调整模糊的图片

由于光线、拍摄方式等的影响，商品图片有时会出现模糊的情况，此时需要对模糊的商品图片进行调整，使其恢复清晰。具体操作如下。

步骤 1：打开"模糊 .jpg"素材文件，可以发现整体效果比较模糊，不能很好地展现物体的细节和质感，按 Ctrl+J 组合键复制图层，如图 3-21 所示。

步骤 2：选择"图像"→"调整"→"色阶"菜单命令，打开"色阶"对话框，设置"输入色阶"的 3 个滑块值分别为"24""1.5""200"，完成后单击"确定"按钮，如图 3-22 所示。

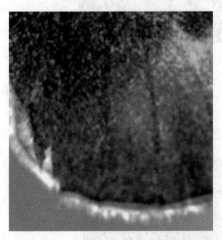

图 3-21　打开"模糊 .jpg"素材文件并复制图层

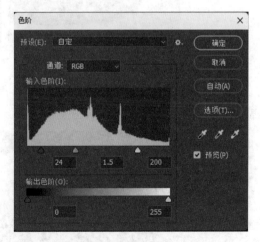

图 3-22　调整色阶

步骤 3：按 Ctrl+J 组合键再次复制图层，选择"图像"→"调整"→"去色"菜单命令，对复制后的图层进行去色处理，效果如图 3-23 所示。

步骤 4：选择"滤镜"→"其他"→"高反差保留"菜单命令，打开"高反差保留"

对话框,设置"半径"为"9.0",单击"确定"按钮,如图3-24所示。

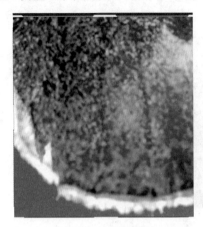
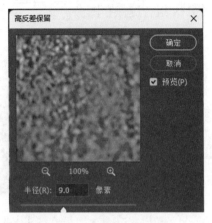

图 3-23 调整去色　　　　　　　　　图 3-24 选择高反差保留

步骤 5:在"图层"面板的"设置图层的混合模式"下拉列表中选择"叠加"选项,按 Ctrl+J 组合键复制"图层 1 拷贝"图层,此时可发现物体变得更加清晰了,如图 3-25 所示。

图 3-25 选择叠加

步骤 6:按住 Ctrl 键不放,依次选择除背景图层外的所有图层,按 Ctrl+Alt+E 组合键盖印图层,并将盖印后的图层拖曳到"图层 1"上方,如图 3-26 所示。

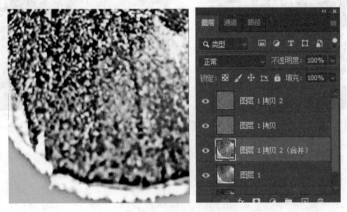

图 3-26 盖印图层

第 3 章 跨境电子商务网店的图片处理

步骤 7：选择"滤镜"→"锐化"→"USM 锐化"菜单命令，打开"USM 锐化"对话框，设置"数量""半径""阈值"分别为"105""5.0""70"，完成后单击"确定"按钮，如图 3-27 所示。

步骤 8：按 Ctrl+S 组合键保存文件，查看完成后的效果，如图 3-28 所示。

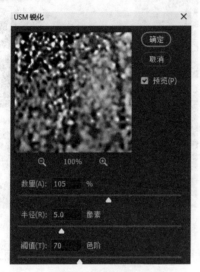
图 3-27 调整 USM 锐化

图 3-28 最终效果

3.2.4 调整偏色的图片

拍摄环境会影响商品图片的最终颜色，有时会出现偏色的情况，此时就需要对偏色的商品图片进行校正，使其恢复原本的颜色。本案例通过"色彩平衡""可选颜色""亮度/对比度"命令对"水果.jpg"素材文件的颜色进行校正，具体操作如下。

步骤 1：打开"水果.jpg"素材文件（素材\第 3 章\水果.jpg），可发现其整体色调偏红，其中的石榴还存在偏色现象，按 Ctrl+J 组合键复制图层，如图 3-29 所示。

图 3-29 打开"水果.jpg"素材文件并复制图层

步骤2：选择"图像"→"调整"→"色彩平衡"菜单命令，打开"色彩平衡"对话框，在"色调平衡"栏中选中"中间调"单选按钮，在"色彩平衡"栏中设置"色阶"分别为"-5""+20""-15"，完成后单击"确定"按钮，如图3-30所示。

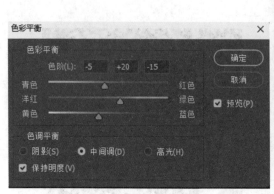

图3-30 调整色彩平衡

步骤3：在"色调平衡"栏中选中"阴影"单选按钮，在"色彩平衡"栏中设置"色阶"分别为"-20""0""10"，完成后单击"确定"按钮，如图3-31所示。

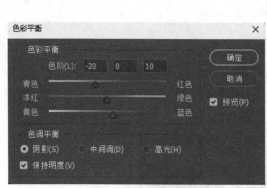

图3-31 调整色彩平衡中的阴影

步骤4：返回图像编辑区，可以发现整体色调已经恢复为正常效果。选择"图像"→"调整"→"可选颜色"菜单命令，打开"可选颜色"对话框，在"颜色"下拉列表框中选择"红色"选项，设置"颜色"分别为"-50""+50""+50""50"，完成后单击"确定"按钮，如图3-32所示。

步骤5：在"颜色"下拉列表框中选择"洋红"选项，设置"颜色"分别为"+5""+10""+40""20"，完成后单击"确定"按钮，如图3-33所示。

图 3-32　调整可选颜色

图 3-33　设置颜色

步骤 6：选择"图像"→"调整"→"亮度/对比度"菜单命令，打开"亮度/对比度"对话框，设置"亮度""对比度"分别为"40""-20"，完成后单击"确定"按钮，如图 3-34 所示。

步骤 7：按 Ctrl+S 组合键保存文件，即可查看完成后的效果，如图 3-35 所示。

图 3-34　调整亮度/对比度　　　　　　　　　　图 3-35　最终效果

3.3 美化图片

3.3.1 清除图片瑕疵

相机拍摄的商品图片难免出现一些瑕疵，网店美工需要对这些瑕疵进行优化处理，使商品图片美观。本例要求运用"仿制图章工具"清除图片瑕疵，具体操作如下。

步骤1：打开"口红.jpg"素材文件（素材\第3章\口红.jpg），可发现图片左侧存在瑕疵，如图 3-36 所示。

图 3-36　"口红.jpg"素材文件

步骤2：选择"仿制图章工具" ，将"仿制图章工具"放在图片中需要取样的位置，按住 Alt 键，鼠标指针由仿制图章图标变为圆形十字图标，如图 3-37 所示。

步骤3：单击鼠标左键确定取样点，松开鼠标左键，在合适的位置单击并按住鼠标左键，拖曳鼠标复制出取样点及其周围的图像，清除瑕疵效果如图 3-38 所示。

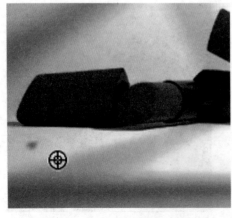 

图 3-37　选择"仿制图章工具"　　　　　　图 3-38　最终效果

3.3.2 虚化背景

若商品图片的背景过于突出，网店美工可使用模糊工具对背景进行虚化处理，避免其喧宾夺主。本例针对"牛仔裤.jpg"素材文件，使用模糊工具模糊全部场景，再使用加深工具增强人物主体的亮度，使人物主体更加美观、突出，具体操作如下。

步骤 1：打开"牛仔裤.jpg"素材文件（素材\第 3 章\牛仔裤.jpg），如图 3-39 所示，按 Ctrl+J 组合键复制图层。

步骤 2：选择"套索工具" 沿着人物的轮廓绘制选区，框选住人物的身体，如图 3-40 所示。

图 3-39 "牛仔裤.jpg"素材文件

图 3-40 使用"索套工具"

步骤 3：选择"滤镜"→"锐化"→"USM 锐化"菜单命令，打开"USM 锐化"对话框，设置"数量""半径""阈值"分别为"70""15.0""50"，完成后单击"确定"按钮，如图 3-41 所示。

图 3-41 调整 USM 锐化

步骤4：按Shift+Ctrl+I组合键反向选区，选择"滤镜"→"模糊"→"高斯模糊"菜单命令，打开"高斯模糊"对话框，设置"半径"为"3"，完成后单击"确定"按钮，如图3-42所示。

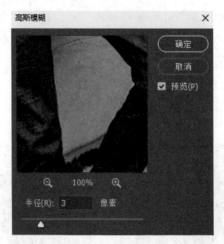

图3-42 选择高斯模糊

步骤5：返回图像编辑区，按Ctrl+D组合键取消选区，再选择工具箱中的"加深工具"，在工具属性栏中设置"画笔大小""范围""曝光度"分别为"120""中间调""50%"，如图3-43所示，用画笔对人像进行涂抹以增加亮度，使其更加美观。

图3-43 选用加深工具

步骤6：按Ctrl+S组合键保存文件并查看完成后的效果，如图3-44所示。

图3-44 完成效果

3.3.3 美化模特

在部分商品图片中,尤其是在护肤品、服装等店铺的商品图片中,模特展示对提高购买率具有十分重要的影响。网店中的模特图片由于使用的情况不同,所以在处理方法上与其他图片存在巨大的区别,下面分别对模特图片处理中的皮肤处理和身型处理进行介绍。

1. 皮肤处理

在皮肤处理中,最常用的方法是磨皮。磨皮的方法有很多,虽然不同的磨皮方法对照片的处理效果有所不同,但其目的是相同的,那就是打散人物面部皮肤的色块,让皮肤的明暗过渡更自然。具体操作如下。

步骤1:打开"模特皮肤.jpg"素材文件(素材\第3章\模特皮肤.jpg),如图3-45所示。选择背景图层,按住鼠标左键将其拖曳至"创建新图层"按钮上,以复制背景图层。

步骤2:选择"滤镜"→"模糊"→"高斯模糊"菜单命令,打开"高斯模糊"对话框,设置"半径"为"4",完成后单击"确定"按钮,如图3-46所示。

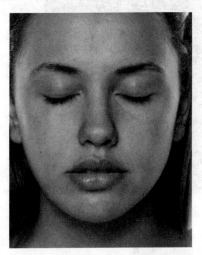
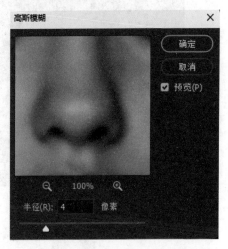

图3-45 "模特皮肤.jpg"素材文件　　图3-46 "高斯模糊"对话框

步骤3:选择"历史记录画笔工具" 在图片上涂抹不需要模糊的部分(五官等),使其恢复到模糊前的状态,效果如图3-47所示。

步骤4:选择"图像"→"调整"→"曲线"菜单命令,打开"曲线"对话框,在曲线框内单击曲线的中间位置,按住鼠标左键不放并向下拖曳,以提高图片的亮度,完成后单击"确定"按钮,如图3-48所示。

步骤5:选择"污点修复画笔工具" 在明显的污点上单击,以修复污点。

步骤6:选择"裁剪工具"对人物进行裁剪,只保留脸部效果,完成后的效果如图3-49所示。

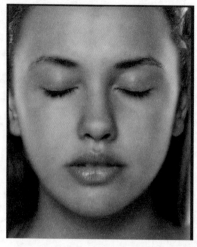

图 3-47　使用"历史记录画笔工具"

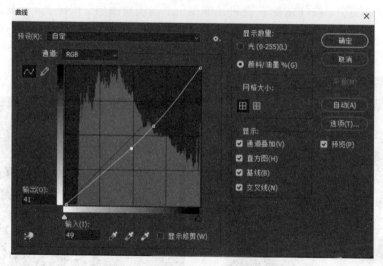

图 3-48　调整曲线

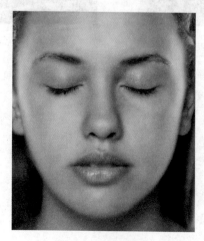

图 3-49　完成效果

2. 身型处理

有时候，模特的身型可能也需要处理，如手臂、腰部、腿部等。下面主要以对模特腰部的处理为例，其他部位的修整可借鉴、参考此操作。

步骤1：打开"模特腰部.jpg"素材文件（素材\第3章\模特腰部.jpg），如图3-50所示。

图3-50 "模特腰部.jpg"素材文件

步骤2：按 Ctrl+J 组合键复制背景图层，按 Ctrl++ 组合键放大图像，选择"矩形选框工具"在人物腰身处创建选区，如图3-51所示。

步骤3：按 Ctrl+T 组合键显示矩形定界框并右击，在弹出的快捷菜单中选择"变形"命令，显示变形框，如图3-52所示。

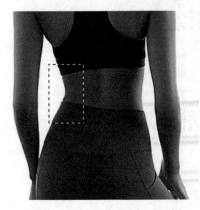
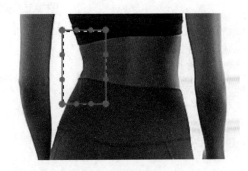

图3-51 放大图像创建选区　　　　图3-52 选择"变形"命令

步骤4：将鼠标指针移动到变形框内，向右拖曳变形框内的网格，以调整腰身，如图3-53所示。

步骤5：按 Enter 键确认变形，使用相同的方法对右侧腰身进行处理，如图3-54所示。

图 3-53　拖曳网格调整腰身　　　　图 3-54　确认变形并对右侧做相同处理

步骤 6：调整图片亮度，完成后的效果如图 3-55 所示。

图 3-55　完成效果

3.4　合 成 图 像

3.4.1　纯色背景抠图合成

纯色背景的商品图片可直接使用"快速选择工具"和"魔棒工具"进行抠取，二者的抠取方法基本相同。本例针对"化妆品 .jpg"素材文件，使用"快速选择工具"抠取商品，并将其应用到天猫详情页的背景中，具体操作如下。

步骤 1：打开"化妆品 .jpg"素材文件（素材 \ 第 3 章 \ 化妆品 .jpg），按 Ctrl+J 组合键复制图层，如图 3-56 所示。

步骤 2：在工具箱中选择"快速选择工具" ，在工具属性栏中单击"选择主体"按钮，将自动为商品主体创建选区，如图 3-57 所示。

图 3-56 "化妆品 .jpg"素材文件　　　图 3-57 快速选取素材

步骤 3：打开"化妆品背景 .jpg"素材文件，如图 3-58 所示。

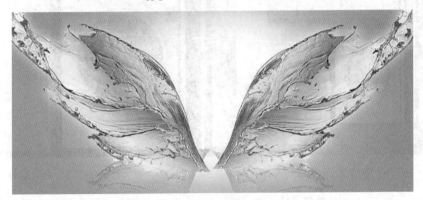

图 3-58 "化妆品背景 .jpg"素材文件

步骤 4：选择"移动工具" ✥ 将抠取后的商品主体拖曳到背景中，缩放大小并调整其位置。保存图像并查看完成后的效果，如图 3-59 所示。

图 3-59 完成效果

3.4.2 多色背景抠图合成

套索工具组中的工具均属于抠图工具,适合抠取背景色复杂、物体边界不够清晰的图像。该工具组主要包括三种工具,分别是套索工具、多边形套索工具、磁性套索工具。本例针对"洗衣机.jpg"素材文件,使用"多边形套索工具"抠取背景,并将其应用到亚马逊首页海报背景中,具体操作如下。

步骤1:打开"洗衣机.jpg"素材文件(素材\第3章\洗衣机.jpg),如图3-60所示。

步骤2:在工具箱中选择"多边形套索工具",在洗衣机右上角处单击,确定起始点,然后沿着洗衣机的轮廓移动并单击鼠标,当回到起始点后,将出现一个小圆,此时单击鼠标左键即可完成绘制,如图3-61所示。

图3-60 打开"洗衣机.jpg"素材文件　　图3-61 选择"多边形索套工具"索套素材

步骤3:打开"洗衣机背景.jpg"素材文件,选择"移动工具",将抠取好的商品图片拖曳到背景中,缩放并调整其位置。保存图像并查看完成后的效果,如图3-62所示。

图3-62 抠取素材并拖曳至背景中

3.4.3 精细抠图合成

网店美工遇到商品轮廓比较复杂、背景杂乱或背景与商品的分界不明显的商品图片时，可使用"钢笔工具"描边商品的轮廓，再将路径转化为选区进行抠取，具体操作如下。

步骤1：打开"沐浴露.jpg"素材文件（素材\第3章\沐浴露.jpg），如图3-63所示。

步骤2：在工具箱中选择"钢笔工具"，在商品图片边缘选择一个点，单击确定此点为所绘路径的起点，如图3-64所示。

图3-63　打开"沐浴露.jpg"素材文件

图3-64　选择起点

步骤3：沿着商品的边缘轮廓再次单击鼠标，确定另一个锚点，选中起点并按住鼠标左键不放，创建平滑点，如图3-65所示。

步骤4：向上移动鼠标指针，单击并移动鼠标，创建第二个平滑点，如图3-66所示。注意要紧贴商品轮廓，不然达不到精细抠图的目的。

图3-65　选择另一个锚点

图3-66　创建第二个平滑点

步骤5：使用相同的方法绘制商品的抠取路径，当路径不够圆滑时可通过"添加锚点工具"和"删除锚点工具"对锚点进行调整，使其与商品更加贴合，如图3-67所示。

步骤6：在图片上单击鼠标右键，在弹出的快捷菜单中选择"建立选区"命令，打开

"建立选区"对话框，设置"羽化半径"为"1"，完成后单击"确定"按钮，如图3-68所示。

图3-67 调整锚点

图3-68 "建立选区"对话框

步骤7：打开"沐浴露背景.jpg"素材文件。选择"移动工具"，将抠取后的商品图片拖曳到背景中，并调整其位置，完成后保存文件并查看效果，如图3-69所示。

图3-69 移动素材并拖曳至背景中

3.4.4 毛发毛绒类物品的抠图合成

对于毛发或毛绒类物品，一般的抠图方法很难取得理想的效果且非常浪费时间，此时可使用调整边缘功能进行抠取，具体操作如下。

步骤1：打开"玩偶.jpg"素材文件（素材\第3章\玩偶.jpg），如3-70所示。

步骤2：选择"魔棒工具"，在工具属性栏中设置"容差"为"20"，单击背景区域，按Shift+Ctrl+I组合键反选选区，如图3-71所示。

第 3 章 跨境电子商务网店的图片处理

图 3-70 "玩偶 .jpg" 素材文件

图 3-71 使用"魔棒工具"调整并选区

步骤 3：在"魔棒工具"的工具属性栏中单击"选择并遮住"按钮 ，在打开的对话框中设置"透明度""半径""平滑""羽化""对比度""移动边缘"分别为"100%""6 像素""16""2.0 像素""50%""0%"，如图 3-72 所示。

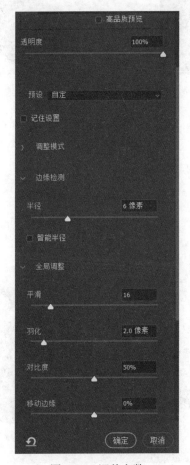

图 3-72 调整参数

步骤 4：展开"输出设置"栏，设置输出为"新建带有图层蒙版的图层"，单击"确定"按钮。返回图像窗口,查看新建的带有图层蒙版的图层,此时原图层已经被隐藏,如图 3-73 所示。

步骤 5:设置前景色为"黑色",选择"画笔工具" ,设置画笔大小为"20",选择蒙版缩略图,涂抹玩偶下方未被选中的阴影区域,可发现涂抹区域已被隐藏,如图 3-74 所示。

图 3-73 确定新建带有图层蒙版的图层

图 3-74 选择蒙版缩略图

步骤 6:打开"玩偶背景.jpg"素材文件,选择"移动工具" ,将抠取的图层拖到背景中,调整其大小与位置。更换背景后的最终效果如图 3-75 所示。

图 3-75 移动素材并拖曳至背景中

拓展实训

为商品更换背景

某商家最近需要上新一款风格简约的柜子,并为该商品拍摄了照片,但照片的背景过于复杂,因此需要替换背景,并要求替换的背景能够体现简约、绿色的卖点。

1. 设计思路

处理该商品照片的设计思路如下。

(1)为柜子创建选区,抠取柜子图片。
(2)将抠取的柜子图片移动到背景中,调整柜子的大小与位置。
(3)在背景图上制作投影,使柜子与背景更加融合。

2. 知识要点

完成本实训需要掌握以下知识。

(1)使用"对象选择工具"框选整个柜子。
(2)按 Shift+F6 组合键羽化选区。
(3)设置前景色,使用"画笔工具"添加投影。

3. 操作步骤

下面为柜子更换背景,具体操作如下。

步骤1:打开"柜子.jpg"素材文件(素材\第 3 章\柜子.jpg),选择"对象选择工具",框选整个柜子区域,此时可发现整个柜子已被选中,如图 3-76 所示。

步骤2:按 Shift+F6 组合键,在打开的"羽化选区"对话框中设置"羽化半径"为"1",完成后单击"确定"按钮,如图 3-77 所示。

图 3-76 打开"柜子.jpg"素材文件

图 3-77 "羽化选区"对话框

步骤3:切换到"图层"面板,按 Ctrl+J 组合键将选区复制到新建的"图层 1"上,并隐藏背景图层,如图 3-78 所示。

图 3-78 复制到新图层

步骤 4：打开"柜子背景 .jpg"素材文件，将抠取的柜子图层拖动到背景中，调整柜子的大小与位置，如图 3-79 所示。

图 3-79 将抠取素材放入背景

步骤 5：在背景图层上方新建"图层 2"，调整图层顺序，设置前景色色值为"#c9c9c9"，选择"画笔工具"，设置"硬度"为"78%"、"不透明度"为"100%"；调整画笔大小，在新建的图层上绘制投影，完成本例的制作，最终效果如图 3-80 所示。

图 3-80 最终效果

第 4 章　跨境电子商务网店首页装修

知识目标

1. 了解店标的定义与分类、店招制作要求、轮播海报图制作要求和优惠券设计原则。
2. 掌握店标、店招、轮播图海报和优惠券的制作方法。

4.1　首页店标装修

4.1.1　店标的定义与分类

店标（见图 4-1）专门服务于店铺，包括网络店铺和实体店铺。店标又称 Logo，是店铺视觉形象的核心，也是构成店铺形象的基本要素。它不仅是调动视觉要素的主导力量，也是整合视觉要素的中心力量。

图 4-1　店铺店标

Logo 可分为文字 Logo、图形 Logo 和图文结合型 Logo,下面分别予以介绍。

(1)文字 Logo。文字 Logo 以文字为表现主体,一般是品牌名称的缩写或者抽取其中代表性文字设计成标志,如图 4-2 所示。

(2)图形 Logo。图形 Logo 用形象表达含义,比文字 Logo 更为直观、更富有感染力,如图 4-3 所示。

图 4-2 文字 Logo

图 4-3 图形 Logo

(3)图文结合型 Logo。图文结合型 Logo 是由文字与图形结合构成的,具有文中有图、图中有文的特征,如图 4-4 所示。

图 4-4 图文结合型 Logo

现代 Logo 的概念较以前更加完善、成熟,标志的推广与应用已建立了完善的系统。随着数字时代的到来与网络文化的迅速发展,传统的信息传播方式、阅读方式受到了前所未有的挑战,效率、时间的概念标准也被重新界定,在这种情况下,Logo 的风格也向个性化、多元化发展。对于网店美工来说,要通过一个简洁的标志符号表达出比以前多几十倍的信息,经典型 Logo 与具有前卫、探索倾向的设计并存,设计的宽容度扩大了。现代 Logo 大致有以下几种发展趋势。

(1)个性化。各种标志都在广阔的市场空间中抢占自己的视觉市场,吸引消费者。因此,易辨、易记、有个性成为 Logo 设计新的要求。个性化包括消费市场需求的个性化和设计者本人的个性化。不同消费者的审美取向不同,不同商品给人的感觉不同,不同设计师的创意不同、表现方法不同。在多元化平台上,无论对消费者来说还是对设计者来说,个性化都成为不可逆转的一大趋势。

(2)人性化。随着社会的发展和审美的多元化,以及对人的本性的关注,人性化成为设计中的重要因素。正如美国著名的工业设计家、设计史学家、设计教育家普罗斯所说的:"人们总以为设计有三维,即美学、技术、经济,然而,更重要的是第四维,即人性。"Logo 设计也是如此,应根据消费者的心理需求和视觉喜好在造型和色彩等方面趋向人性化，做到更有针对性。

（3）信息化。信息化时代来临后，Logo除应表明品牌或企业属性外，还应具有更丰富的视觉效果、更生动的造型、更符合消费者心理的形象和色彩元素等。同时，设计者要通过整合企业多方面的综合信息对独特的设计语言进行翻译和创造，使Logo不仅能够贴切地表达企业理念和企业精神，还能够配合市场对消费者进行视觉刺激和吸引，辅助宣传和销售。

（4）多元化。意识形态的多元化使Logo的艺术表现方式日趋多元化：有二维平面形式，也有半立体的浮雕凹凸形式；有立体标志，也有动态的霓虹标志；有写实标志，也有写意标志；有严谨的标志，也有概念性标志。

4.1.2　店标制作的准备工作

在制作店铺Logo之前，要做好以下六个方面的准备工作。

（1）明确网店经营策略。明确网店经营策略是设计店铺Logo的第一步，也是至关重要的一步。要明确网店的经营策略是侧重品牌还是侧重销售，抑或是侧重资讯。

（2）定位店铺风格。根据产品的品牌、特点，经营理念和策略确定店铺的风格。

（3）明确Logo形式。确定Logo以哪种形式展现，是文字还是图形，抑或是图文结合。

（4）明确字体、图案等素材。主要是确定Logo设计需要用到的字体、图案等素材。

（5）明确色调。确定店铺Logo的饱和度、明度和色相等。

4.1.3　店标的制作方法

下面通过一个案例来介绍店标（Logo）的制作流程。在制作Logo前，网店美工要和网店店主详细沟通设计要求与细节等，这样可以大大提高工作效率。

本案例中的店铺是一家咖啡店，名称是"Summer Time"，店主希望Logo能够体现出阳光、温暖的氛围。具体制作过程如下。

步骤1：经过构思，网店美工想到用咖啡杯形象来表现店铺Logo，因此第一步就是去素材库找一些比较适合的素材，如图4-5所示。

图4-5　"咖啡标.jpg"素材文件

步骤2：打开Photoshop 2021，在菜单栏中选择"文件"→"新建"命令，在弹出的"新建"对话框中设置"宽度"为"200"像素、"高度"为"200"、"分辨率"为"72"像素/英寸，创建"颜色模式"为"灰度"的空白画布，如图4-6所示。

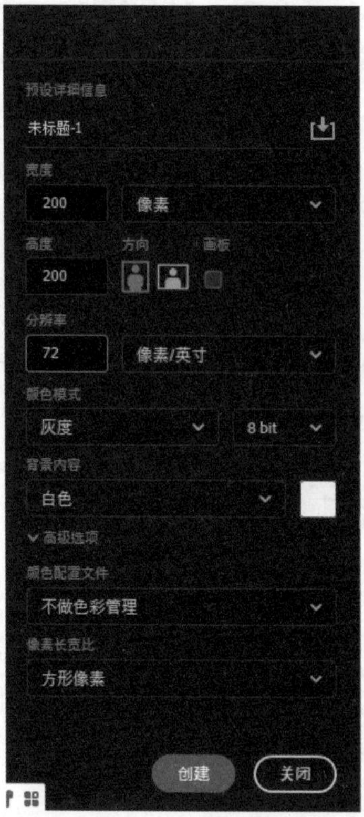

图 4-6　调整图片

步骤 3：选择"文件"→"打开"命令，打开"咖啡杯.jpg"素材文件，单击工具箱中的"魔棒工具"，接着单击"添加选区工具"，选取空白区域，如图 4-7 所示，然后按 Delete 键将选区里的空白部分删除，如图 4-8 所示。

图 4-7　使用"魔棒工具"选取空白区域

图 4-8　删除空白区域

步骤 4：使用"移动工具"，拖曳当前图层到新建的图层中，缩放并移动到合适位置，效果如图 4-9 所示。

步骤 5：单击工具箱中的"文字工具"，创建一个新的文本图层，输入文本"Summer Time"，字体设置为"Regular"，大小为"20"。选中"Summer Time"图层，单击工具栏中的"移动工具"，将此图层放在画布的中下位置，如图 4-10 所示。

图 4-9　移动至新建图层

图 4-10　添加文本并移动至合适位置

步骤 6：单击"添加图层" 按钮添加图层，前景色改为"#f6ea26"，按 Ctrl+Alt+Delete 组合键填充颜色，效果如图 4-11 所示。

步骤 7：新建图层，将"底纹 .psd"素材文件拖入新建图层，调整大小，调整图层顺序，如图 4-12 所示。

图 4-11　添加图层补充颜色

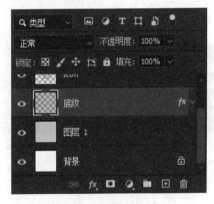

图 4-12　调整图层顺序

步骤 8：将路径转换为选区，完成后的 Logo 效果如图 4-13 所示。

图 4-13　Logo 展示

4.2 首页店招装修

4.2.1 店招的制作原则

店招除了应突出最新信息、方便消费者查看，还应注重对店铺商品的推广，给消费者留下深刻的印象。因此，店招在设计上应具有新颖别致、易于传播的特点，由此必须遵循两个基本原则：一是植入品牌形象；二是抓住商品定位。

品牌形象可以通过店铺名称、品牌 Logo 进行展示，抓住商品定位则是指要展示店铺卖的是什么商品，精准的商品定位可以快速吸引目标消费群体进入店铺。图 4-14 中店招左侧通过突显"先进医疗设备"文案实现了商品的精准定位，右侧并未展现"电器"相关文案，而是通过放置店铺的商品来植入品牌形象。这样不仅可让消费者直观地看出卖的是什么商品，还能让消费者知道商品的大致样式，从而准确判断商品是否是自己所需要的。

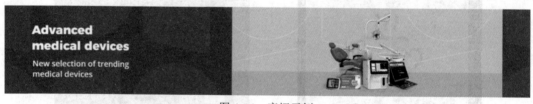

图 4-14　店招示例

4.2.2 店招的制作要求

店招，顾名思义，就是店铺的招牌，如图 4-15 所示，其最大的作用就是让买家看到并且记住店铺，从而达到宣传和推广的目的。店招一般位于店铺首页的最顶端，是店铺的展示窗口，也是卖家打造店铺形象的关键。如果店招设计得让人印象深刻，那么买家在下次想要光顾店铺时就可以根据记忆或者店铺收藏快速搜索到店铺。因此，鲜明且有特色的店招对于网络店铺来说具有至关重要的影响。

图 4-15　店铺招牌

不同类型店铺的店招应该具有不同的风格，这与店铺所售卖商品的类别息息相关。

例如，可爱型店招主要针对母婴用品店、童装店、玩具店、宠物店以及适合年轻女孩的饰品店等，在设计时往往使用轻快明亮的颜色和偏简单的线条，如图 4-16 所示。

图 4-16 可爱型店招

对于主要针对女性用户的护肤品店、女装店、女鞋店等，在设计店招时可使用粉色、玫红色、淡绿色、浅蓝色等颜色，多用圆润或纤细的字体，如图 4-17 所示。

图 4-17 针对女性用户的店招

对于针对男性用户的店铺，如男装店、电器店等，在设计店招时建议选择简洁的字体类型，颜色也建议以黑、白、灰为主，如图 4-18 所示。

图 4-18 针对男性用户的店招

此外，不同的店铺可根据自身特点和商品、风格采取不同形式的店招，具体分为 JPG、PNG 和 GIF 三种，其中 GIF 是动态的。

4.2.3 店招的制作方法

店招一般包含店铺名称、店铺 Logo、店铺广告语、店铺收藏、店铺促销等内容。其中，店铺名称和店铺 Logo 是不可或缺的。一般来说，各个店铺都会对店铺名称和店铺 Logo 进行重点设计展示，从而更直观地将店铺信息呈现给买家，树立店铺形象。

在制作店招时，首先要确保店招与店铺整体风格、颜色搭配；其次要明确消费群体，根据消费群体的心理需求来设计店招。下面仍以 4.1.3 节中的咖啡店铺为例讲解如何制作店招，尺寸以阿里巴巴国际站的标准为参考，即 1200 像素 ×280 像素。

步骤 1：打开 Photoshop 2021 软件，新建一个空白画布，宽度为 1200 像素，高度为 280 像素，如图 4-19 所示。

图 4-19 新建素材

步骤 2：在菜单栏中选择"视图"→"标尺"命令，编辑区会显示出"标尺工具"，按 Ctrl+R 组合键，利用"标尺工具"向下拉出一条辅助线，放在导航栏高度的位置，划分导航栏部分，如图 4-20 所示。

图 4-20 使用"标尺工具"

步骤 3：单击工具箱中的"矩形选框工具"，框选店招区域，单击"前景色"图标并设置好颜色，按 Alt+Delete 组合键为店招区域填充颜色。重复此操作，框选导航栏区域并为导航栏区域填充颜色，如图 4-21 和图 4-22 所示。

第 4 章 跨境电子商务网店首页装修

图 4-21 选取颜色

图 4-22 填充颜色

步骤 4：按 Ctrl+R 组合键，再次利用"标尺工具"拉出辅助线，划分导航文字部分。单击工具箱中的"直线工具" ，沿最左边的辅助线与导航栏区域重合的部分，依次画出 5 条线，如图 4-23 所示。

图 4-23 利用"直线工具"画出线条

步骤5：单击"文字工具" ，分别在直线划分的每一个区域里输入相对应的文案即"首页""所有宝贝""胶囊咖啡""速溶咖啡""咖啡豆"，如图4-24所示。

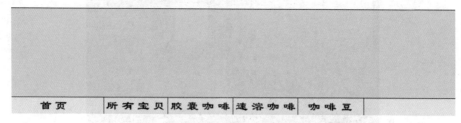

图4-24 输入文字

步骤6：使用4.1.3节的咖啡杯素材，添加"咖啡杯"图案图层，将其置于店招的左侧，如图4-25所示。

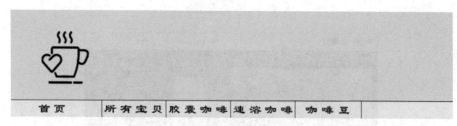

图4-25 添加图层

步骤7：单击"文字工具" ，添加"Summer Time""let my heart closely rely on"文字图层，并将文字置于店招的中间。单击"直线工具"，按住Shift键在两个文字图层之间拉出一条直线，如图4-26所示。

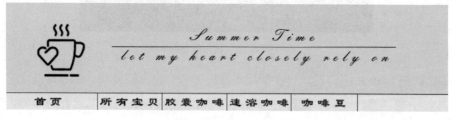

图4-26 添加文字

步骤8：单击"圆角矩形工具" ，在店招的右侧拖出一个矩形框，并填充为白色。单击工具箱，选择一个放大镜的图案，添加到矩形框中，并且填充和店招背景一样的颜色，如图4-27所示。

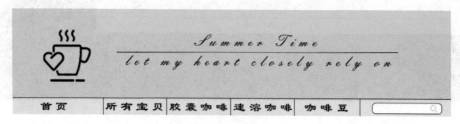

图4-27 添加矩形框

第4章 跨境电子商务网店首页装修

步骤9：单击"文字工具" ，在文案的右边添加文字图层"Search in This Store"，店招最终效果如图4-28所示。

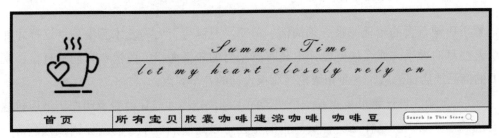

图4-28 最终效果

4.3 首页轮播海报装修

4.3.1 轮播海报的定义与构成

轮播海报即循环播放的多张海报，通常位于首页店招和导航栏下方，主要用于产品宣传和促销活动展示等，如图4-29所示。想要制作出精美的轮播海报，网店美工应综合考虑每张海报的主题、构图和配色等。

图4-29 轮播海报示例

轮播海报一般由五部分内容构成，即文字、产品、模特、点缀和背景，各部分内容的作用如表4-1所示。

表4-1 轮播海报的构成内容及其作用

构　　成	作　　用
文字	传达信息
产品	展示产品形象、信息，帮助宣传相关产品
模特	快速吸引消费者的眼球
点缀	丰富画面
背景	衬托产品

4.3.2 轮播海报的设计要点

置于店铺首页的轮播海报必须简洁、鲜明，充满号召力与艺术感染力，这样才能达到引人注目的效果。那么如何设计出具有感染力的轮播海报，使消费者能够直接了解最重要的商品或店铺信息？下面介绍轮播海报设计的几个要点。

（1）主题。设计海报需要有一个明确的主题，这样才能让消费者明白店铺所传达的中心思想和主要内容是什么。首页海报的主题可以是新品上市、活动促销或预热等，主题内容或商品一般放在整张海报的第一视觉中心点处，目的是让消费者一眼就能看到。同时，表达主题的文字要简洁，可用个性化字体、稍大的字号予以突出。

（2）风格。风格是指海报带给人的感觉，如古典、可爱、清新、简约、时尚，海报的风格需要根据店铺和主题内容来确定。

（3）构图。在设计轮播海报的过程中，构图的平衡极为重要，要处理好不同物体之间的对比关系，如文字字体的大小对比、粗细对比、虚实对比，商品的大小对比，模特的远近对比等。比较典型的构图方式有左右构图、三分构图、斜切构图。

（4）配色。轮播海报的配色要注意画面内容的统一与协调，重要文字内容要用醒目的颜色予以强调；若要强调图片的效果，则尽量不要给文字使用太复杂的颜色；为了画面色调的统一与协调，在为文字配色时，可以选取图片中已有的颜色。

（5）设计规范。轮播海报的尺寸与店招的尺寸一样，除了要根据商家的需求来设计，还要符合各平台的规范，以阿里巴巴国际站为例，海报宽度为 1200 像素，高度根据版面内容的实际情况而定，通常为 250 像素、350 像素或 450 像素。

4.3.3 轮播海报的制作方法

轮播海报的整体色调、字体等要与店铺的整体风格一致。下面仍以前述咖啡店铺为例，讲解制作其首页轮播海报的具体操作步骤。

步骤 1：新建文件，"宽度" "高度" 分别为 "1200 像素" "450 像素"，设置分辨率为 "72" 像素/英寸，设置颜色模式为 "RGB 颜色"，如图 4-30 所示。

步骤 2：新建图层，选择 "渐变工具" ，设置前景色颜色色值为 "#f6ea26"，在工具属性栏中单击 "点按可编辑渐变" 按钮，打开 "渐变编辑器" 对话框，单击 "确定" 按钮，如图 4-31 所示。

步骤 3：在工具属性栏中单击 "线性渐变" 按钮，在图像编辑区中自左上到右下拖曳鼠标指针创建渐变，效果如图 4-32 所示。

步骤 4：打开 "底纹 .psd" 素材文件，将它拖曳到图像中并调整大小和位置，如图 4-33 所示。

图 4-30　新建素材

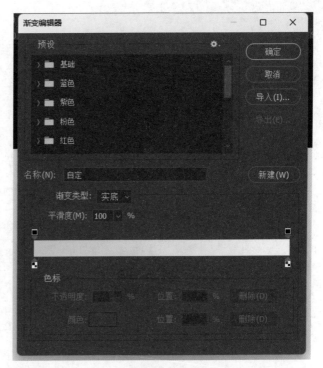

图 4-31　"渐变编辑器"对话框

图 4-32　使用"线性渐变"

图 4-33　将"底纹.psd"素材文件拖曳到图像中

步骤 5：打开"顶部茶杯.psd"素材文件，将其拖曳到图像中并调整大小和位置，如图 4-34 所示。

步骤 6：打开"Logo.psd"素材文件，将其拖曳到图像中，调整大小和位置，如图 4-35

所示。

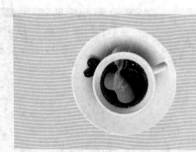

图 4-34 调整"顶部茶杯.psd"素材的大小和位置

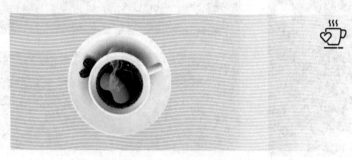

图 4-35 调整"Logo.psd"素材的大小和位置

步骤 7：打开"咖啡豆.psd"素材文件，将其拖曳到图像中，调整大小和位置，更改图层位置，如图 4-36 所示。

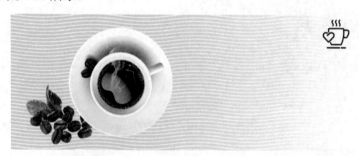

图 4-36 调整"咖啡豆.psd"素材的大小和位置

步骤 8：选择"文字工具" T 在咖啡杯的左侧输入文字"Summer Time"，并设置"字体""字号"分别为"Cataneo BT""60 点"，完成后调整文字位置，效果如图 4-37 所示。

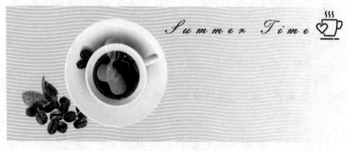

图 4-37 输入文字

第 4 章 跨境电子商务网店首页装修

步骤 9：选择"文字工具" ，输入文字"drink a cup, so that your troubles with the fragrance away"，并设置"字体""字号"分别为"Cataneo BT""48 点"，设置行距为"55 点"，完成后调整文字位置，效果如图 4-38 所示。

图 4-38 输入调整文字

步骤 10：选择"直线工具" ，在"Summer Time"下方绘制 1 条线，其长短与文字对齐，效果如图 4-39 所示。

图 4-39 使用"直线工具"绘制线条

步骤 11：按 Ctrl+S 组合键保存文件，查看完成后的效果，如图 4-40 所示。

图 4-40 最终效果

4.4 首页优惠券装修

4.4.1 优惠券的设计要点

在大型促销活动期间，许多商家都会以设置优惠券的形式来提高客流量，如图 4-41 所示。不同的店铺有着不同的品牌特色，为自己的店铺设计个性化优惠券是非常有必要的。下面介绍在设计优惠券时需要注意的几个要点。

·91·

图 4-41 优惠券示例

（1）折扣。优惠券最主要的内容就是折扣，这也是消费者最想知道的信息，网店美工在设计优惠券时应尽量将折扣设计得醒目一些。

（2）发放模式。优惠券的发放模式主要有消费满减、会员折扣和消费者自主领取三种。

（3）时间限制。一般情况下，如果店铺开展短期推广，则应当限定优惠券的使用日期，这样能提高优惠券的使用率。

提示：首页中展示的优惠券信息有限，一般只展示优惠的折扣、发放模式、时间限制等主要信息，但一张完整的优惠券还包括很多其他的信息，如优惠券的使用范围、优惠券的使用条件、优惠券的使用张数限制、优惠券的最终解释权等，这些信息只有在消费者领用优惠券后才会显示。

4.4.2 优惠券的制作方法

下面制作某家居收纳店铺首页的优惠券，为了配合店招与海报的风格，本例将使用与店招相近的颜色进行设计，具体操作步骤如下。

步骤1：新建文件。文件大小为1200像素×350像素，设置"分辨率"为"72像素/英寸"，"颜色模式"为"RGB颜色"，名称为"优惠券"，如图4-42所示。

步骤2：绘制优惠券背景。选择"矩形工具"，在工具选项栏中设置绘图模式为"形状"，"填充"为无，在"描边"选项中将"描边类型"设置为"实线"，颜色设置为深灰色，色值为"#353535"，描边宽度设置为"1"像素，绘制一个大小为275像素×150像素的矩形，将图层的"不透明度"设置为"30%"，效果如图4-43所示。

步骤3：复制该矩形，将"填充"设置为粉色（色值为"ee4958"），"描边"设置为"无"，将图层的"不透明度"设置为"100%"，如图4-44所示。

步骤4：输入优惠券内容。选择"横排文字工具"，在画面中输入数字"15"，设置字体为"微软雅黑"，字号为"60点"，颜色为白色；将字号调为"24点"，输入符号"%"，如图4-45所示。

步骤5：选择"直排文字工具"，在画面中输入符号"∨"，设置字体为"微软雅黑",字号为"26点",颜色为白色,如图4-46所示。

图4-42 新建文件

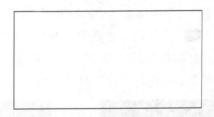

图4-43 绘制背景

图4-44 填充颜色

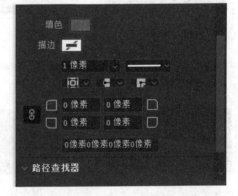

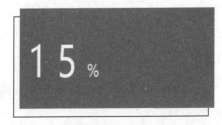

图4-45 输入文字

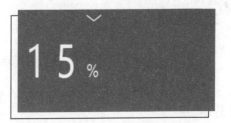

图4-46 输入符号

步骤6:选择"横排文字工具" ,在画面中输入文字"Coupon",设置字体为"微软雅黑",字号为"24点",颜色为白色;输入文字"PRE-SALE 128",设置字体为"微软雅黑",字号为"16点",颜色为白色,如图4-47所示。

步骤7:使"Coupon""PRE-SALE 128"这两行文字左对齐,然后选择"矩形工具" ,在"Coupon"和"PRE-SALE 128"之间绘制一条白色横线,即完成一张优惠券的制作,效果如图4-48所示。

图4-47 输入文字　　　　　　　图4-48 绘制优惠券

步骤8:选中优惠券中的所有图层,按Ctrl+G组合键将其创建为"组1"。选择"移动工具",在工具选项栏中选中"自动选择"复选框并将其设置为"组",按住Shift+Alt组合键向右移动并复制组,得到其他两个优惠券组。修改优惠券的金额与满减条件,并移动到合适的位置,效果如图4-49所示。

图4-49 选取复制优惠券

步骤9:选择"矩形工具",绘制白色矩形,用来遮挡灰色矩形的下边线,完成后保存文件,最终效果如图4-50所示。

图4-50 最终文件

拓展实训

店铺店招的发布

某家贸易公司的设计师Tim完成了店招图片的设计,现需要上传并发布该店招,具体操作方法如下。

1. 进入店招设置

登录阿里巴巴国际站后台,选择"店铺管理"命令,进入编辑器页面,然后单击右侧

"店铺招牌"模块，对话框中将显示可编辑的内容。

2. 设置公司简介

公司简介可以设置为"显示"或"隐藏"。若设置为"显示"，则需要进一步设置公司简介的字体和颜色。这里因店招底图已经包含公司简介，所以设置为"隐藏"，如图4-51所示。

图4-51　隐藏公司简介

3. 设置店招底图

店招底图也可设置为"显示"或"隐藏"。选择"显示"，可上传图片；选择"隐藏"，则店招处将直接显示页面背景。这里选中"显示"单选按钮，以上传店招图片。

4. 发布店招

单击"保存"按钮保存当前装修设置，单击"发布"按钮即可完成店招的发布。

第 5 章　跨境电子商务网店详情页设计

知识目标

1. 了解商品详情页的模块构成和设计要点。
2. 掌握详情页焦点图的制作方法。
3. 掌握商品信息图的制作方法。
4. 掌握商品细节图的制作方法。

5.1　商品详情页认知

5.1.1　详情页的模块构成

商品详情页不仅需要向消费者展示商品的规格、颜色、细节、材质等具体信息，还需要通过图、文、视频等方式向消费者推荐商品。因此，网店美工需要对商品详情页进行设计和美化，以提高商品的吸引力，从而更好地激发消费者的购买欲望，最终促使消费者消费，提高商品的销量。

商品详情页包括商品基础信息模块、商品描述信息模块和自定义模块。其中，商品基础信息模块、商品描述信息模块由平台根据商品信息自动生成，通常无法修改，而自定义模块，如商品展示模块，商品细节模块，功能展示模块，包装、运输展示模块，促销活动模块和消费者须知模块等，需要网店美工进行专门的设计和美化，下面分别进行介绍。

1．商品展示模块

整体展示商品的外观是打动消费者的第一步。网店美工应通过巧妙地摆拍商品或为商品添加合适的背景，让商品看起来更吸引人，这样既能全面地展示出商品的整体外观，又能配合广告文案，加深消费者对商品的了解，如图 5-1 所示。必须注意的一点是：背景不能喧宾夺主，以免影响商品的展示。

图 5-1　商品展示模块

2．商品细节模块

在网络购物中，消费者更倾向于通过图片来了解商品，如果消费者不能在详情页中看到足够多的商品细节，就很难对商品的质量、材质等产生信任感，这会大大降低消费者购买的可能。因此，网店美工在制作商品细节模块时，应该最大限度地将商品的优势和细节展示出来，打消消费者的顾虑，促成其购物行为，如图 5-2 所示。

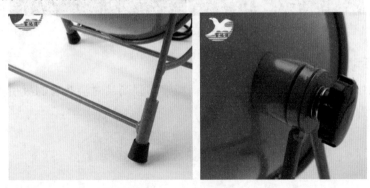

图 5-2　商品细节模块

3．功能展示模块

如果针对实用型商品设计详情页，那么网店美工就应该在功能展示模块中对该商品的各个功能进行详细解析，如图 5-3 所示。

4．包装、运输展示模块

有两类商品需要对其包装和运输做出特别说明：一类是易碎、易损坏、易变质的，需要进行特别包装或快速运输的商品，如生鲜产品、陶瓷制品等；另一类是需要以精美的包装和优质的运输来展示其品质的商品,如礼品、化妆品、工艺品等。在详情页中对包装和运输进行展示能够增强消费者对商品包装和运输的信任,提升消费者的购物体验,如图 5-4 所示。

图 5-3　功能展示模块

图 5-4　包装、运输展示模块

5. 促销活动模块

在详情页中添加商品的促销活动信息,能够增强商品对消费者的吸引力,促进消费者产生购物行为,如图 5-5 所示。

图 5-5　促销活动模块

6. 消费者须知模块

消费者须知模块可以避免消费者在购买时产生不必要的误会，减少很多售后问题，因此有必要将其添加在商品详情页中。

除了以上这些常见的模块，商品详情页中还可以添加其他模块，如介绍商品尺寸大小的商品规格模块、关联营销的搭配展示模块、增强商品说服力的证书奖项模块和培养忠实用户的会员营销模块等。具体怎样对这些模块进行排列组合，需要网店美工综合考虑商品本身的性质和网店的营销思路后做出决定。

5.1.2　详情页的设计要点

要使商品详情页的内容激发消费者的购买欲望，促成交易，网店美工在设计时需要掌握以下几个要点。

（1）吸引消费者。网店美工可以通过商品的销量、优势商品的功能和特点、商品的促销信息等吸引消费者。同时，美观的版面、有创意的设计也可以为商品增色，吸引消费者关注。

（2）挖掘潜在需求。网店美工可以从商品的细节、商品的卖点、与同类商品的对比、消费者的情感等方面入手，挖掘消费者的潜在需求，激发消费者的购物欲望。

（3）赢得消费者的信任。网店美工可以从第三方评价、品牌附加值、品质证明、售后服务等方面入手，排除会使消费者分心或者暂缓购买的内容。商品详情页应在美观、实用的基础上，将要表达的信息尽可能直观、真实地展现出来。因此，网店美工可以从多角度展示商品，注重品牌的塑造，避免过度美化图片而导致图片偏色、变形，或因过度夸大商品的性能而导致言过其实，这样不仅会产生不必要的售后纠纷，也会降低网店的信誉，失消费者的信任。

（4）替消费者做决定。网店美工可以通过文案营造一种紧迫感，如限制优惠时间、库存有限、活动后将提高单价等，促使犹豫不决的消费者快速下单。

（5）内容规范、完整。具体包括以下内容。

① 尺寸。商品详情页的常规宽度为 750 像素或 790 像素（以平台的实际要求为准），高度则没有限制，根据商品的实际情况而定，不建议太高，否则容易导致页面在加载时卡顿。

② 图片大小与格式。图片大小不能超过 3 MB；支持 JPG、PNG、GIF 格式的图片。

③ 设计风格。商品详情页的设计风格应该与店标、首页风格一致，避免出现页面整体不协调的问题。为了保持统一的风格，商品详情页的色彩、字体、排版方式及各个板块的分割方式应统一。

④ 版面布局。常见的商品详情页主要包括商品要素、营销要素、品牌要素、服务要素等，网店美工可以基于对商品描述信息的认知合理规划各要素的顺序，也可以使用思维导图来确定各要素的顺序，这样能够达到事半功倍的效果。

5.2 制作商品详情页焦点图

5.2.1 详情页焦点图的定义与构成

焦点图即商品详情页中的商品 banner，通常位于商品描述信息的下方，类似店铺首页的轮播海报，可使详情页中的商品更加吸引消费者，更好地展示商品的优势。

商品焦点图由以下 6 个部分构成。

（1）标题：宣传产品信息。

（2）文本：详细描述产品信息。

（3）产品：增强产品的真实性。

（4）模特：有利于拉近商品与消费者之间的距离。

（5）点缀：起到丰富画面的作用。

5.2.2 详情页焦点图的制作方法

焦点图的制作方法与轮播海报类似，主要分为三个部分：第一部分体现商品的外包装，第二部分展现商品的成分，第三部分为模特图。下面以化妆品为例介绍其具体操作。

步骤 1：新建大小为 750 像素×1200 像素、"分辨率"为"72"像素/英寸、名称为"焦点图"的文件，如图 5-6 所示。

步骤 2：选择"矩形工具"，绘制一个 750 像素×180 像素的矩形，并设置填充颜色色值为"#e6cefc"，如图 5-7 所示。

步骤 3：选择图层"矩形 1"，选择菜单栏中的"编辑"选项，选择"自由变换"选项，再选择"斜切"选项，调整右侧尺寸，效果如图 5-8 所示。

图 5-6　建立焦点图素材文件

第 5 章　跨境电子商务网店详情页设计

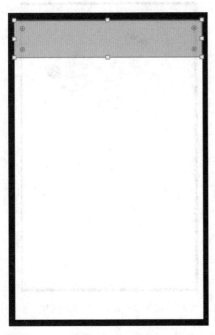

图 5-7　绘制矩形并填充颜色

图 5-8　斜切效果

步骤 4：复制图层"矩形 1"，选择复制的图层，双击左键打开"图层样式"对话框，选中左侧栏中的"渐变叠加"复选框，将"混合模式"更改为"正常"，"不透明度"更改为"49%"，如图 5-9 所示。图层混合模式选择"正常"，使整个效果与背景简单融合。调整图形尺寸，效果如图 5-10 所示。

图 5-9　复制图层调整设置

步骤 5：打开素材"化妆品 .psd"（素材 / 第 5 章 / 化妆品 .psd），将其中的图层拖曳到焦点图中并调整大小和位置，效果如图 5-11 所示。

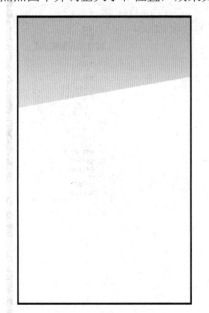
图 5-10　调整图形尺寸

图 5-11　打开"化妆品 .psd"素材并拖曳到焦点图中

步骤 6：打开素材"花朵 .psd"（素材 / 第 5 章 / 花朵 .psd），调整图层顺序，置于"化妆品"素材后侧，将其中的图层拖曳到焦点图中并调整大小和位置，效果如图 5-12 所示。

步骤 7：选择"矩形工具" 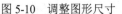，绘制一个 490 像素 ×280 像素的矩形，并设置填充颜色色值为"#e6cefc"，再绘制一个 180 像素 ×280 像素的矩形，并设置填充颜色色值为"#5b5b9a"，如图 5-13 所示。

图 5-12　打开"花朵 .psd"素材并拖曳到焦点图中

图 5-13　绘制矩形并填充颜色

第 5 章　跨境电子商务网店详情页设计

步骤 8：打开素材"化妆品素材 1.psd"和"标志 .psd",将其中的图层拖曳到焦点图中并调整大小和位置,效果如图 5-14 所示。

图 5-14　添加"标志 .psd"并调整大小和位置

步骤 9：选择"横排文字工具" T ,输入文字"NATURAL""INFORMATION",并设置"字体"为"Victorian LET","字号"分别为"30 点""20 点","文本颜色"为白色,效果如图 5-15 所示。

图 5-15　文字添加效果

步骤 10：选择"横排文字工具" T ,输入文字"GLUTTEN FREE""PARABEN FREE""CRUELTY FREE",设置"字体"为"Academy Engraved LET","字号"分别为"25 点""21 点""21 点","文本颜色"为白色,效果如图 5-16 所示。

图 5-16　文字添加效果

步骤 11：打开素材"Logo.psd",将其中的图层拖曳到焦点图中并调整大小和位置,效果如图 5-17 所示。

图 5-17 Logo 添加效果

步骤 12：导入素材"模特 .jpg"，拖曳到焦点图中，调整图层的顺序，并调整大小和位置，效果如图 5-18 所示。

步骤 13：选择"矩形工具" 绘制一个 280 像素 ×370 像素的矩形，并设置填充颜色色值为"#e6cefc"，效果如图 5-19 所示。

图 5-18　导入"模特 .jpg"素材　　　　图 5-19　绘制矩形并填充颜色

步骤 14：打开素材"花朵 2.psd"，将其中的图层拖曳到焦点图中并调整大小和位置，效果如图 5-20 所示。

步骤 15：打开素材"化妆品素材 2.psd"，将其中的图层拖曳到焦点图中，调整素材的图层顺序，并调整大小和位置，完成焦点图设计，效果如图 5-21 所示。

图 5-20　添加"花朵 2.psd"素材　　　　　图 5-21　设计效果

5.3　制作详情页商品信息图

5.3.1　商品信息图认知

商品信息图中的内容即商品的真实信息和数据，通常位于卖点提炼或细节展示下方。商品信息图需要将商品的尺寸、颜色等充分展示给消费者，具有全面介绍商品、引导消费者了解商品的作用，如图 5-22 所示。

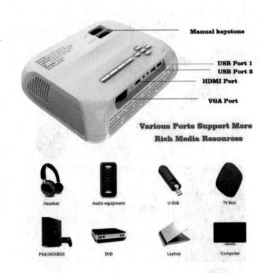

图 5-22 商品信息图示例

商品信息图由基本数据和商品图片两部分内容构成，如图 5-23 所示。

图 5-23 商品信息图构成

（1）基本数据：便于消费者深入了解商品。

（2）商品图片：呼应商品基本数据。

在设计商品信息图时，网店美工需要对大量的数据进行归类整理，并以图表的形式展示出来，令消费者直观地了解商品信息。

5.3.2 商品信息图的制作方法

步骤 1：新建大小为 750 像素 ×3020 像素、"分辨率"为"72"像素 / 英寸、名称为"信息展示图"的文件，如图 5-24 所示。

图 5-24 新建"信息展示图"文件

步骤 2：打开"牛奶 .jpg"，将素材拖动到"信息展示图"图像顶部并调整其大小与位置，如图 5-25 所示。

步骤 3：选择"直线工具"，粗细为"1"像素，然后沿着包装的底部和右侧绘制 3 条直线，并调整直线的长度和宽度，效果如图 5-26 所示。

步骤 4：选择"横排文字工具"，在工具属性栏中设置字体为"Adobe 仿宋 Std"，输入数值文字，调整其大小和位置，然后修改"产品参数"的颜色为"黑色"，效果如图 5-27 所示。

步骤 5：选择"横排文字工具"，在工具属性栏中设置字体为"微软雅黑"，输入"Product Parameters"，调整其大小和位置，然后修改"产品参数"的颜色为"黑色"，效果如图 5-28 所示。

跨境电子商务视觉设计

图 5-25 加入 "牛奶.jpg" 素材并调整大小与位置

图 5-26 使用 "直线工具" 绘制直线

图 5-27 使用横排文字工具　　　　　图 5-28 输入文字并调整

步骤 6：选择 "矩形工具" ▢，在工具属性栏中设置填充颜色为 "无"，绘制尺寸为 560 像素 ×1350 像素的矩形，绘制填充颜色色值为 "#b4c8d3"，再绘制一个尺寸为 560 像素 ×70 像素的矩形，然后按住 Alt 键不放，向下拖动复制矩形，修改填充颜色为白色，再次复制矩形，修改填充颜色色值为 "#b4c8d3"，以此类推，使用相同的方法继续复制，效果如图 5-29 所示。

步骤 7：选择 "横排文字工具" T，在工具属性栏中设置字体为 "黑体" "24 点"，在矩形中输入图 5-30 所示的文本并设置文字颜色为 "黑色"。

图 5-29　使用"矩形工具"　　　　　图 5-30　输入文字

步骤 8：添加"牛奶食用方法 1.jpg"、"牛奶食用方法 2.jpg"和"牛奶食用方法 3.jpg"素材文件，将素材拖动到矩形下方，调整其大小与位置，如图 5-31 所示。

步骤 9：选择"横排文字工具" ，在工具属性栏中设置字体为"黑体"，输入图 5-32 所示的文字，调整文字的大小和位置，修改文字颜色为"黑色"。

图 5-31　加入素材文件调整位置　　　　　图 5-32　输入文字

步骤 10：按 Ctrl+S 组合键保存文件，最终效果如图 5-33 所示。

图 5-33 最终效果

5.4 制作详情页商品细节图

5.4.1 商品细节图认知

1. 细节图的概念

细节图即商品的细节放大图,通常位于卖点提炼或商品展示下方,可最大限度地展现商品细节,使消费者更加了解商品,如图 5-34 所示。

2. 细节图的构成

细节图由图片和文本两部分构成,如图 5-35 所示。

图 5-34 商品细节图示例

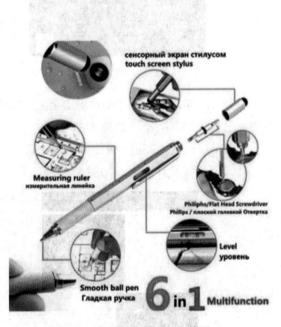

图 5-35 商品信息所示基本数据

(1)图片:醒目地展示产品的外观。

(2)文本:详细描述产品的功能。

3. 细节图的设计要点

细节图不宜太过复杂,整体应呈现简洁的效果;如果商品为深色,建议细节展示图的背景使用浅色,以保证细节的展示。

5.4.2 商品细节图的制作方法

步骤1：新建大小为 750 像素 ×1200 像素、分辨率为"72"像素/英寸、名称为"商品细节图"的文件，如图 5-36 所示。

步骤2：选择纯度低、明度反差大的颜色，如以色值"#29243b"的颜色作为背景色，并使用"标尺工具"根据细节展示图的数量合理分割画面。因为细节内容较多，所以要尽可能地规整划分，如图 5-37 所示。

图 5-36　新建"商品细节图"文件

图 5-37　使用"标尺工具"分割画面

步骤3：导入图片，并创建图层蒙版，对图像的显示进行控制，并把细节图添加到区域中，适当调整其大小，如图 5-38 所示。

步骤4：通过"亮度/对比度"命令调整图层，对细节图的层次、亮度和色调进行调整，使其更具视觉冲击力，如图 5-39 所示。

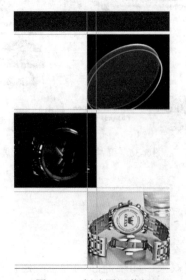
图 5-38　创建图层蒙版

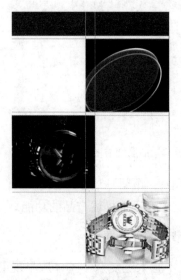
图 5-39　调整图层

第 5 章 跨境电子商务网店详情页设计

步骤 5：选择"横排文字工具" T ，在工具属性栏中设置字体为"黑体"，输入"Show The Details"，如图 5-40 所示，调整文字的大小和位置，修改文字颜色为"白色"。

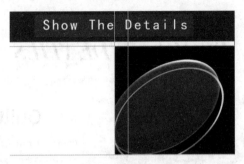

图 5-40　输入文字

步骤 6：使用"横排文字工具" T 为画面添加所需的文本信息，并通过"字符"面板对文本属性进行设置，再通过线条和矩形图形丰富文案的局部，如图 5-41 所示。

步骤 7：按 Ctrl+S 组合键保存文件，最终效果如图 5-42 所示。

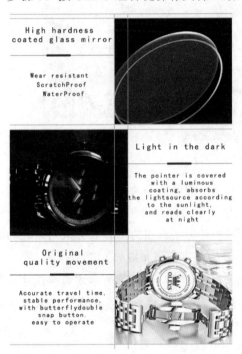

图 5-41　使用"字符"面板设置文本属性

图 5-42　最终效果

拓展实训

制作四件套的详情页

某网店准备上新一套古典印花四件套，需要制作详情页，以提高销量。该详情页主要从焦点图、细节图、情景展示等方面入手，其目的在于展示商品精良的品质，吸引消费者的注意力并刺激消费者产生购买行为。在制作时，为了使整体效果与四件套搭配，可选择米色作为背景色，在设计上可从四件套的面料、细节以及情景展示等方面凸显商品品质。四件套详情页的效果如图 5-43 所示。

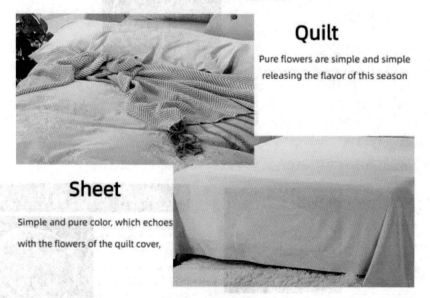

图 5-43　详情页展示

1. 设计思路

（1）详情页设计规划。整个详情页可分为焦点图和商品展示图两个部分，焦点图用于展示整体效果；商品展示图用于细节展示、情景展示，并说明具体信息。

（2）设计焦点图。在设计焦点图时，可以四件套实拍图为主体，并采用米色的背景作为装饰，这样不仅可以凸显文案，也与四件套的整体色调相搭配。

（3）设计商品展示图。从四件套的面料、商品细节以及情景展示方面来设计四件套的展示图，向消费者展示该商品全棉磨毛、活性印染、设计美观等优点，以吸引消费者的注意力并刺激消费者产生购买行为。

2. 知识要点

完成本例四件套详情页的制作，需要掌握以下知识。

（1）选择"矩形工具"■，绘制矩形形状，并将图片素材粘贴至矩形框内。

（2）选择"钢笔工具"■，绘制不规则形状。

（3）选择"横排文字工具"■，设置字体格式，输入文本。

第 6 章 跨境电子商务网店主图与推广图设计

知识目标

1. 了解跨境电子商务的主图设计要点。
2. 了解直通车推广图的设计要点与原则。
3. 掌握跨境电子商务主图和直通车推广图的制作方法。

6.1 主图设计

主图是决定消费者是否愿意进一步了解商品的关键因素,可以说主图是商品的招牌,如图 6-1 所示。

图 6-1 主图示例

6.1.1 主图的设计要点

作为商品的招牌,主图对商品销售的影响是多方面的:图片场景展示了商品的使用范围,可以加深消费者对商品的认知;图片的清晰度和颜色会影响消费者的购买欲望;创意卖点可以吸引消费者的注意力;模特展示可以更直观地展示商品;促销信息则可以提高商品点击率。下面分别对这些设计要点进行介绍。

1. 图片场景

在设计图片场景时,不同背景、不同虚化程度的素材会影响图片的视觉效果,进而影响点击率。数据调研结果显示:点击率在2%以上的抽样图片中,有50%使用生活场景作为背景。

2. 图片清晰度

作为商品的主图,清晰度是最重要的,如果主图中的商品不够清晰,效果将大打折扣。

3. 图片颜色

主图最好选择可以烘托商品的纯色背景,切忌使用过于繁杂的背景。以纯色做背景不仅在颜色搭配上比较容易,也能令人专注于商品本身,否则会分散消费者的注意力,削弱其购买欲望。

4. 创意卖点

主图中的创意卖点并不一定是促销内容,也可以是吸引消费者的亮点,要体现商品的核心竞争力,让消费者看到该主图时马上会联想到该商品最突出的优势。

5. 模特展示

有些店铺除了在主图上展示商品,还会采取模特展示的方法,更直观地向消费者展示商品的效果,从而赢得消费者的青睐。

6. 促销信息

消费者比较喜欢促销的商品,所以将促销信息设置到商品主图中可以提高点击率。需要注意的是,促销信息要尽量明确、简洁,尽量控制在10个字以内,字体要统一且要避免喧宾夺主等问题。

6.1.2 主图的制作方法

步骤1:新建大小为750像素×800像素、"分辨率"为"72"像素/英寸、名称为"主图"的文件,如图6-2所示。

步骤2:打开"背景1.jpg",将其拖曳到主图文件中,调整其位置和大小,然后绘制一个大小为150像素

图6-2 新建"主图"文件

×155像素的矩形，设置填充颜色色值为"#25c501"，效果如图6-3所示。

步骤3：输入文字"Promotion"，并设置"字体"为"黑体"，调整颜色为"白色"，最后调整字体的大小和位置，效果如图6-4所示。

图6-3 拖曳背景至主图并调整

图6-4 输入文字并调整位置

步骤4：在主图的右下角绘制一个矩形，设置填充颜色色值为"#ff6a06"，栅格化图层，并按Ctrl+T组合键使其倾斜变形。完成后，输入文字"DATA"，并设置字体为"黑体"，使用"圆角矩形工具"，绘制一个大小为280像素×60像素的圆角矩形，将其填充为白色，在其上输入文字"11.24.23-11.26.23"，设置字体为"黑体"，调整文字大小，效果如图6-5所示。

步骤5：打开"鞋.psd"（素材\第6章\鞋.psd）将其拖曳至图层中，并缩放到适当大小，效果如图6-6所示。

图6-5 绘制矩形并输入文字

图6-6 拖曳"鞋.psd"素材至图层

步骤 6：在右下角，输入文字"$76.89"并设置字体分别为"Impact"，调整其大小，效果如图 6-7 所示。

步骤 7：在左上角输入文字"SALE""50%""OFF"，并分别设置字体为"黑体""Gill Sans Ultra Bold""黑体"，填充颜色为红色，调整大小和位置，效果如图 6-8 所示。

图 6-7 输入文字

图 6-8 输入文字并调整大小

步骤 8：选择"直线工具"绘制直线，调整大小和位置，效果如图 6-9 所示。

步骤 9：按 Ctrl+S 组合键保存图像，效果如图 6-10 所示。

图 6-9 绘制直线并调整位置和大小

图 6-10 最终效果

6.2 直通车推广图设计

6.2.1 直通车推广图的定义与分类

直通车是阿里巴巴网站提供给供应商的推广资源位,可以帮助商家获取更大的曝光量,将其产品优先展示给买家。具体操作是平台会员通过自主设置多维度关键词、展示产品信息、大量曝光产品来吸引潜在买家,并按照点击量付费。简单来说,直通车就是一种快速提升店铺流量的营销工具,其推广图如图6-11所示。

图6-11 直通车推广图效果展示

直通车推广图的设计尺寸分为两种:一种是常规直通车推广图,尺寸为800像素×800像素;另一种是方便移动端查看的竖图,尺寸为750像素×1000像素。

6.2.2 直通车推广图的设计要点

1. 做好推广图的定位

设计推广图时,一般需要先根据直通车投放计划确定拟投放产品的位置,这样可以更方便地分析周边产品,使设计更加突出,吸引消费者的注意力。同时,要确定产品推广所针对的消费群体,通过分析消费群体的喜好、消费能力、生活习惯来确定设计风格、色彩、元素,使推广内容更容易被消费者所接受。

2. 关注商品的卖点

确定了直通车推广图的定位后,接下来就要想办法设计直通车宣传图片。在设计制作时,一定要突出产品的卖点,同时要保持产品图片的高清效果。

3. 突出商品与背景的色差

在设计直通车图片时，要尽量使用与商品本身颜色差异较大的背景，如果商品的颜色与背景色相同或相近，就会降低商品的可辨识度，让消费者难以将注意力集中在商品上。但是，也不要把背景色做得过于复杂，否则容易削弱商品在整个直通车推广图中的主导地位。

4. 贴合消费者的浏览习惯

在制作直通车推广图时，需要贴合消费者的浏览习惯。消费者的浏览顺序一般为从左到右、从上到下、从图片到文字。如果总是文字、图片来回切换，很容易让消费者在浏览时感觉不舒服。同时，不要让大量的文字覆盖商品，这样容易影响商品展示的完整性。

5. 适当搭配组合商品

有时为了让消费者更多地关注所推广的商品，要适当与其他商品进行搭配，以吸引消费者的注意力，但是一定要分清不同商品的主次关系，推广商品应占据图片三分之二的空间，这样才能让消费者很好地辨认出商品，避免误解。

6. 保持图片清晰

清晰是对直通车推广图最重要、最基本的要求。只有清晰的图片才能让人感受到商品的质感，所以在设计图片时，一定要利用 Photoshop 软件的色阶功能来增加产品图片的亮度或对模糊的图片进行适当锐化处理，使其更加清晰。

7. 文字设计整齐统一

直通车推广图的文字设计需要做到整齐、统一。整齐体现在图中所有字符的排列方向上，统一是指字体、颜色、样式、行距等保持统一。当然，特殊情况下可以适当调整。

6.2.3 直通车推广图的制作方法

下面以钻石戒指为例制作直通车推广图，具体操作步骤如下。

步骤 1：按 Ctrl+N 组合键，弹出"新建文档"对话框，设置"宽度"为"800 像素"，"高度"为"800 像素"，"分辨率"为"72"像素/英寸，"颜色模式"为"RGB 颜色"，"背景内容"为"白色"，单击"创建"按钮，新建一个名称为"直通车"的文件，如图 6-12 所示。

步骤 2：打开素材"钻石戒指.jpg"，将其拖曳到"直通车"文件中，调整其位置和大小，如图 6-13 所示。

步骤 3：选择"矩形工具" ，在属性栏的"选择

图 6-12　新建文件

工具模式"选项中选择"形状",将填充颜色设置为玫红色(251,11,65),"描边"颜色设置为"无"。在图像窗口中绘制一个与页面宽度相等的矩形,如图6-14所示,在"图层"控制面板中生成新的形状图层。

图6-13　拖曳"钻石戒指.jpg"素材至"直通车"文件并调整位置

步骤4:选择"矩形工具"■,在属性栏的"选择工具模式"选项中选择"形状",将填充颜色设置米色为(255,242,234),"描边"颜色设置为"无"。在图像窗口中绘制一个高度与步骤4中矩形相等、宽度为600像素的矩形,如图6-15所示。

图6-14　绘制矩形并生成新的图层　　　图6-15　填充颜色并绘制新矩形

步骤5:选择"圆角矩形工具"■,在属性栏的"选择工具模式"选项中选择"形状",将填充颜色设置为橘黄色(255,156,0),"描边"颜色设置为"无"。在图像窗口中绘制一个圆角矩形,在"图层"控制面板中生成新的形状图层"圆角矩形1",在"属性"面板中设置"圆角半径"选项,按Enter键确认,效果如图6-16所示。

步骤6:在图中输入文字"EXCLUSIVE 10% OFF""DIAMOND RING""NEW ARRIVAL",并设置"字体"为"Gill Sans Ultra Bold",调整颜色、大小和位置,完成直通车图片的制作,效果如图6-17所示。

图 6-16 使用"圆角矩形工具"调整图层

图 6-17 最终效果

 拓展实训

参照西班牙电子商务网站的视觉呈现特点,制作服装网店直通车推广图

西班牙在 2015 年成为欧洲第五大电子商务市场。西班牙人非常乐意接受中国的产品。在西班牙,ZARA、Massimo Dutti、BerShka 等本土品牌的商品,有 40% 产自中国。从出口数据来看,在每年进口中国产品的国家中,西班牙位列第五。越来越多的跨境电子商务平台看到了西班牙市场的蓝海潜质,纷纷在平台建设、卖家招募、品类挖掘、市场拓展方面加大投入。

西班牙本土电子商务网站的视觉呈现有以下主要特点。

1. 在色彩上渲染情感

色彩在网页设计中是一个重要的表现要素,能使人产生各种情感和感觉,适当的色彩运用具有引人注目、打动人心的力量。以色彩吸引浏览者的视线后，其所表现的形象和内容等信息也同时进入浏览者的脑海，能起到先声夺人、快速传达信息的作用。如果选择易记忆、易辨认的颜色当主色调或选择单纯、明亮的色彩组合，则非常容易吸引人的注意，快速给人留下深刻的视觉印象。

红、黄两色是西班牙人深爱的传统色彩，红色是吉祥和热烈的象征，黄色是高贵和明朗的象征。他们对各色相间的色组和浓淡相间的色组充满了浓厚的兴趣，这些美妙的色彩组合可产生强烈的视觉冲击力和艺术感染力，能引起人们视觉观感之外的情感联想。

西班牙主流电子商务网站根据本土民众的这一喜好，从色彩上为网站树立形象，同时也作用于浏览者的心理，表达特定的情感，有力地推动了网页信息的传达。

例如，西班牙当地的一个服装网站 dafiti 对红色的使用频率就比较高，如图 6-18 所示。

图 6-18　服装网站展示

2. 在文字上加强整体感

文字作为信息的主要传达手段，从最初的纯文字界面发展至今，仍是网页中必不可少的重要构成元素。时下，文字在视觉设计中的用途早已不再局限于信息传达，而是演变成一种最直接的、富于启迪性和宣传性的视觉设计表现形式。而且作为网页视觉设计的一种表现方式，文字的设计要服从信息内容的性质与特点的要求，使其风格与内容的特性相吻合，而不是相脱离，更不能相互冲突。文字的主要功能是传达各种信息，而要实现这种传达的有效性，必须考虑文字设计的整体效果，应给人以清晰的视觉印象，避免繁杂零乱，要做到易读、易懂。设计良好、组合巧妙、具有新意、独具特色的字体可以强化网站的完整性、一致性，从而塑造网站自身特有的视觉形象，这样不仅能给浏览者留下深刻的印象，更有助于信息的传达。

文字是一种长期凝练而成的视觉表现元素，具备更多理性的特征，在网站整体风格一致性的营造中有着更为突出的作用。西班牙电子商务网站十分关注文字的信息传达功能，在文字的视觉设计上下足了功夫。

privalia 是西班牙当地较大的电子商务网站，主要售卖服装和生活用品，其文字设计的整体效果是很不错的，如图6-19所示。

图6-19　电子商务网站展示

3. 多媒体构筑新奇趣味

人类从周围世界获取的大部分信息都是经视觉传递到大脑的，所以从视觉上引起关注至关重要。多媒体的综合运用能够在最大程度上激发浏览者的好奇心理，使其产生进一步了解的热情。比如，由优美的影像与协调的声音配合而成的动画视频等会使浏览者产生新鲜感，这样的网页自然会给浏览者留下深刻的印象。

比如，ZARA的主页凭借对多媒体的全面应用，使浏览者在访问网站置身于一个千变万化、充满新鲜感的多媒体世界中。造型别致的画面、千变万化的运动方式、生动逼真的音效激发了浏览者浓厚的兴趣，使其在不知不觉中被深深吸引。

在网页中恰当地选择和运用多媒体，通过它们构筑出独特的、充满新奇趣味的网页，可以令人过目不忘，加深浏览者对网页信息的记忆，打造店铺自身与众不同的风格，如图6-20所示。

4. 交互设计突出体验

浏览者对网页的体验是通过交互沟通界面实现的。交互沟通界面是指那些可以被浏览者操控而做出反应的界面，在沟通界面上包括导航、信息内容、交互体验结构及一系列视觉元素。编排设计一致、使用方便、体验压力小的设计自然会提升浏览者的体验。

第6章 跨境电子商务网店主图与推广图设计

在交互设计中,要让使用者真正掌握控制权,除了可自行决定选读哪些信息,还可以更为深入和全面地把握自己感兴趣的部分,体会设计传达的主旨,了解设计的含义,加深对信息的获取程度,进而享受更多的乐趣。在设计中提供丰富的互动性体验是比较有效的网页风格化手段,也是确保信息得以有效传达的方法,如图6-21所示。

图6-20 选择和运用多媒体创建独特的网页

图6-21 交互设计展示

5. 版式格局丰富

网页的版式设计比较自由,没有固定的长宽比例,而是一个动态的、变化的"版面空间",丰富的版式格局有利于不断地创新,但是任何创新都要符合人们在长期浏览网页的过程中所形成的视觉习惯,这样的设计才能提高页面的可用性。因此,进行版式设计时需要注意一些技巧的运用。

大多数西班牙电子商务网站都形成了自己的设计风格,普遍追求舒适感和亲切感。例如,采用圆角外框和友好可亲的基调,文案字体设计凝练、简洁,从而减轻了阅读压力。另外,利用空白巧妙地分离出重要信息,也可以提高页面的易读性和实用性,精致的图标可以提高版面的视觉美感,如图6-22所示。

图 6-22 网站的设计风格展示

第7章 跨境电子商务网店视频的拍摄、编辑与制作

知识目标

1. 了解视频拍摄基础知识、拍摄要求和拍摄流程。
2. 了解常用视频编辑软件；掌握视频编辑与制作方法。

7.1 视频拍摄

7.1.1 视频拍摄的基础知识

将视频应用于网店，可以通过视听语言吸引大量消费者，更好地向消费者展示商品，提高购买率。

1. 视频的基本术语

制作视频前要先了解视频的基本术语，这些基本术语在相机设置和视频剪辑软件中经常出现。

（1）帧。帧相当于电影胶片上的一个镜头，一帧就是一幅静止的画面，连续的多帧就能形成动态效果。

（2）帧速率。帧速率是指每秒刷新的图片帧数，单位为帧每秒（frames per second，fps）。要想生成平滑连贯的动画效果，要保证帧速率不小于 8 fps，即每秒至少显示 8 帧静止画面。从理论上来说，帧速率越高，视频越流畅，动作也更清晰，所占用的空间也越大。帧速率对视频的影响还体现在播放时所使用的帧速率大小，若以 24 fps 播放 8 fps 的视频，则是快放的效果；相反，若以 24 fps 播放 96 fps 的视频，其播放速率将变为原来的 1/4，视频中的所有动作将会变慢，如电影中常见的慢镜头播放。

（3）时间码。时间码是相机在记录图像信号时，针对每一幅图像记录的时间编码。通过为视频中的每一帧分配一串数字来表示小时、分钟、秒钟和帧数。其格式为 ××H××M××S××F，其中的 ×× 代表数字，也就是以"×× 小时 ×× 分钟 ×× 秒 ×× 帧"的形式确定每一帧的地址。

（4）MP4 格式。MP4 格式（MPEG-4）是一种标准的数字多媒体容器格式，主要以存储数字音频和数字视频为主，也可以存储字幕和静止图像。MP4 格式的优点是可以容

纳支持比特流的视频流,使其可以在网络传输时使用流式传输,常用于商品的视频摄影和制作(其他常用的视频格式还有 AVI、MOV、WMV 等)。

2. 视频的类型

常应用于网店的视频类型有主图视频和页面视频两类,下面分别对这两类视频进行详细介绍。

(1)主图视频。主图视频主要放在商品详情页中的主图位置,用于展示商品的特点和卖点。建议主图视频的时长为 5～60 s,宽高比为 16:9、1:1 或 3:4,尺寸为 750 像素 ×1000 像素及以上,如图 7-1 所示。

图 7-1　主图视频展示

(2)页面视频。页面视频主要应用在首页或商品详情页中的详情位置,常用于介绍品牌或展示商品的使用方法与使用效果。页面视频的时长不能超过 10 min 且视频分辨率建议为 1920 像素 ×720 像素,如图 7-2 所示。

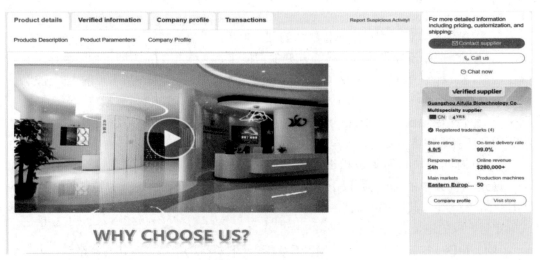

图 7-2　页面视频展示

7.1.2 视频拍摄的硬件设备

目前，我们可以通过各种各样的设备来实现拍摄视频的目标，但不同的设备拍出来的效果自然是不同的，而且使用方法的难易程度也不同。常用的硬件设备包括以下几种。

（1）智能手机。随着技术的不断发展和完善，智能手机已集成了多种功能，摄像就是其必备的基本功能之一，如图7-3所示。

（2）单反相机。随着新技术的不断应用，新品相机的功能也日益强大，同时摄像功能也成功地被添加到单反相机（见图7-4）中，因此越来越多的摄像爱好者将单反相机当成日常拍摄视频的首选设备，用单反相机拍摄视频也成为近年来比较流行的一种视频拍摄方式。

图7-3 智能手机展示

图7-4 单反相机展示

（3）摄像机：摄像机（见图7-5）属于专业的视频拍摄工具，常用于大型团队和电视节目的拍摄等。虽然相比之下，摄像机并不那样轻便、易携带，但其拍摄效果远远超过手机和单反相机。在使用摄像机拍摄视频之前，要做好相应的准备工作，要用到的辅助工具有很多，主要有如下几种。

① 摄像机电源与充电器。如果要在室外拍摄，切记带好直流电池，将备用电池充满电；如果要去较远的地方拍摄，最好带上充电器。

② 摄像机电缆。摄像机电缆用来连接摄像机和录像机，主要有14芯、26芯等规格。

③ 摄影灯。摄影灯主要有两种供电类型，即直流供电和交流供电，这两种供电类型各有所长，也各有所短。直流供电使用方便，但供电时间短；交流供电较持久，但需要借助电缆盘，携带不方便。

④ 彩色监视器。用来保证拍摄画面的颜色不出差错，可以提升视频的拍摄效果。

⑤ 三脚架。三脚架是一个用途十分广泛的辅助工具，无论是使用智能手机、单反相机拍摄视频，还是使用摄像机拍摄视频，都要使用三脚架。

（4）无人机。随着技术的逐渐成熟和迅速发展，以及摄影、摄像等工作的需要，航拍无人机日渐成为拍摄某些特殊场景时必不可少的工具，如图7-6所示。

图7-5 摄像机

图7-6 无人机

（5）麦克风。麦克风是拍摄短视频的辅助工具，选取的过程中不能忽视它的功能细节，如是否支持电脑和手机使用，如图7-7所示。

（6）轨道车。摄像机轨道车是拍摄视频时常常用到的辅助工具，特别是在拍摄外景、动态场景时。实际上，根据拍摄场景的需要，轨道车可分为多种类型，如非载人电动滑轨、便携式载人轨道车、匀速电动轨道车和脚踏电动轨道车等，如图7-8所示。

图7-7 麦克风

图7-8 轨道车

7.1.3 视频拍摄的总体要求与构图原则

1. 视频拍摄的总体要求

视频拍摄的总体要求包括平、准、稳、匀。

（1）平：保持摄像机处于水平状态，只有尽量让画面在取景器内保持平衡，拍摄出来的影像才不会倾斜。

（2）准：在摇镜头或移动镜头时，起幅和落幅要一次到位，不能晃来晃去。

（3）稳：画面要稳定，拍摄时尽量使用三脚架，避免因变焦而出现画面模糊不清的情况。

（4）匀：拍摄运动镜头的过程中速度要均匀，除特殊情况，不能出现时快时慢的现象。对于运动镜头而言，拍摄的过程通常可以分为三个部分，即起幅、落幅和运动。起幅指的是镜头的开始部分，落幅指的是镜头结尾画面的构图，而运动指的是推、拉、摇、移等技巧运用的过程。一般情况下，拍摄时应该为后期剪辑留下足够的空间。摄像师在拍摄运动镜头时除了要保持稳定,将运动部分拍摄完整,还应该将起幅和落幅多拍摄 5 s 左右。

2. 视频拍摄的构图原则

在拍摄视频时,需要遵循一定的构图原则,合理构图能增强视频的画面美感。视频拍摄的构图原则主要包括以下六个。

(1)主体明确。商品主体是视频的重要对象。在构图时,一定要将商品主体放到醒目的位置,如中心位置,这样更能凸显其外观、性能等,如图 7-9 所示。

图 7-9 商品主体中心展示

(2)物品陪衬。商品主体需要相关物品做陪衬,不然会显得画面空洞、呆板,用作陪衬的物品应合理且不能喧宾夺主,如图 7-10 所示。

图 7-10 运用物品陪衬主体

(3)环境烘托。使拍摄的对象处于合适的环境中不仅能突出商品主体,更能为画面添加美感,渲染氛围,如图 7-11 所示。

图 7-11　环境烘托效果

（4）鲜明对比。鲜明对比是指在色彩、明暗、大小和运动等方面打造强烈的视觉冲击效果。这种对比能够吸引观众的注意力，加强信息的表达和视觉冲击力，如图 7-12 所示。

（5）画面简洁。视频中的背景应尽量简单，以保持画面简洁，避免分散消费者的注意力。如果背景杂乱，可以针对背景做模糊处理或选择合适的角度拍摄，避免杂乱的背景影响商品主体，如图 7-13 所示。

图 7-12　鲜明对比　　　　　　　　图 7-13　保持画面简洁

（6）追求形式美。将设计中的点、线、面运用到拍摄画面中可使画面富有设计美感，从而产生形式美，如图 7-14 所示。

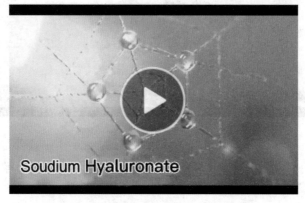

图 7-14　运用点、线、面的方法设计画面

3. 视频拍摄的注意事项

（1）控制时间。摄像师在拍摄视频时应严格控制拍摄时间，保证特写镜头控制在2～3s，中近景控制在3～4s，中景控制在5～6s，全景控制在6～7s，大全景控制在6～11s，而一般镜头控制在4～6s。拍摄者对拍摄时间的控制不仅便于后期制作，而且可以让观众看清楚拍摄的场景并明白拍摄者的意图，使视频效果更加生动。

（2）对焦准确。只有对焦准确才能使被摄主体在画面中始终保持最清晰的状态，必要时可手动调焦。

（3）场景照明度适中。如果光线过暗，将会造成画面中被摄主体前后成像不实的现象，从而影响图像质量。

7.1.4 视频拍摄的流程

为了保证视频的质量，提升视觉效果，最终促进商品销售，商品视频拍摄通常包括以下四个步骤，分别是了解商品的特点、道具和场景的选择、视频的拍摄和后期的合成。

1. 了解商品的特点

拍摄视频前需要对商品有一定的认识和了解，包括商品的特点和使用方法等。只有了解了商品，才能确定模特、环境、时间等，才能根据商品的特点和实际情况确定拍摄的效果。在拍摄时，还需要对商品的特色进行重点体现，帮助消费者了解商品，从而打消消费者的顾虑，激发消费者的购物欲望。

2. 道具和场景的选择

视频拍摄的道具和场景有很多，需要根据商品类别、使用方式等选择，如需要对商品进行解说，则要选择录音设备；在室内拍摄商品，则需要选择对应的灯光。

3. 视频的拍摄

在一切准备就绪后，即可进行视频的拍摄。拍摄中应该注意景别和角度。其中，景别是指摄像机同被摄对象间的距离远近，分为远景、全景、中景、近景和特写。角度则指平视角度、仰视角度和俯视角度，平视是指拍摄角度与被摄物体在同一水平线上，如图7-15所示。仰视则是指以仰视的角度拍摄位置较高的物体，俯视则是以俯视的角度拍摄位置较低的物体（见图7-16）。

4. 后期的合成

视频拍摄完成后，还需要将多余的部分删除，然后对多个场景进行组合，并添加字幕、音频、转场特效等。完成这些操作需要借助视频软件，常用的视频编辑软件有会声会影和Premiere等，会声会影更容易被新手掌握。

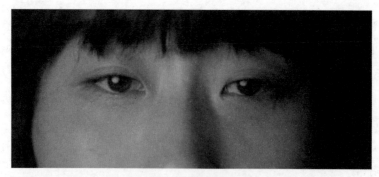

图 7-15 平视的摄影效果

图 7-16 俯视的拍摄效果

7.2 视频的编辑与制作

7.2.1 常用的视频编辑软件

视频拍摄完成以后，网店美工需要对视频做剪辑、调色、字幕添加、配音、特效制作等处理，通过剪辑把各个场景合成一个完整的视频。常用的视频编辑软件有剪映、会声会影和 Premiere 等，由于使用 Premiere 软件编辑视频更加专业，所以本节主要讲解 Premiere 的使用。

第 7 章 跨境电子商务网店视频的拍摄、编辑与制作

Adobe Premiere（以下简称 PR）是由 Adobe 公司研发的一款视频编辑软件，主要功能包括编辑视频、添加字幕、制作转场效果、调节音频、调整色彩等。

Premiere Pro 2020 的工作界面主要包括菜单栏、"项目"面板、"源"面板、"节目"面板、"时间轴"面板、工具箱等。熟悉这些区域的结构和基本功能，可以让操作更加快捷。

导入素材并创建序列之后，在"编辑"工作区下，整个工作界面如图 7-17 所示。

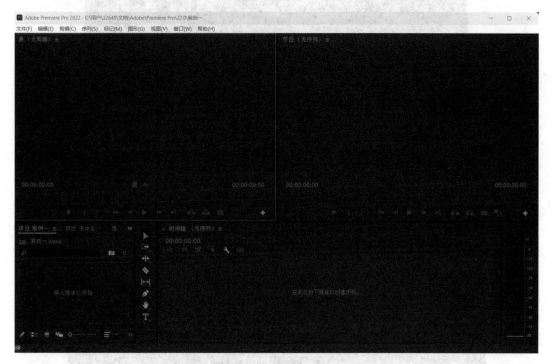

图 7-17 新项目窗口展示

（1）菜单栏。Premiere Pro 2020 的菜单栏包含 9 个菜单，基本整合了 Premiere Pro 2020 中的所有命令。单击某个菜单，即可打开相应的下拉菜单，每个下拉菜单中都包含多个命令，选择任一命令即可执行该命令，如图 7-18 所示。

文件(F)	编辑(E)	剪辑(C)	序列(S)	标记(M)	图形(G)	视图(V)	窗口(W)	帮助(H)

图 7-18 菜单栏展示

（2）"项目"面板。"项目"面板用于存放导入的素材，在该面板内双击即可导入素材，素材类型包括视频、音频、图片，如图 7-19 所示。

（3）"源"面板。这个面板是原始素材的预览面板，双击"项目"面板中的素材之后，"源"面板中会出现该素材的预览效果，如图 7-20 所示。

（4）"节目"面板。该面板是最终输出成片的预览面板，使用面板底部的播放控件或"时间轴"面板中的播放控件即可预览当前编辑的视频的效果，如图 7-21 所示。

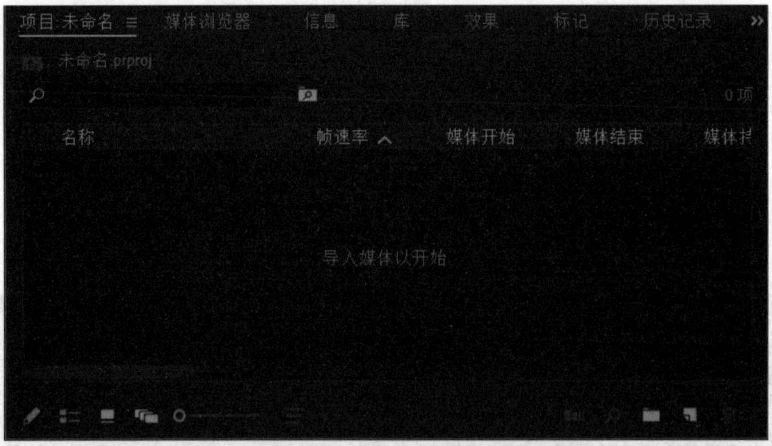

图 7-19 "项目"面板展示

图 7-20 "源"面板展示

图 7-21 "节目"面板展示

第 7 章 跨境电子商务网店视频的拍摄、编辑与制作

（5）"时间轴"面板。编辑视频过程中的大部分操作都是在"时间轴"面板中完成的，该面板分为"视频轨道"和"音频轨道"两部分。"视频轨道"的表示方式是 V1、V2、V3 等，意思是可以添加多轨视频，如果需要增加轨道数量，可以在轨道左侧上方空白处右击，然后在弹出的快捷菜单中选择"添加轨道"命令，在弹出的窗口中输入要添加的轨道数量即可；"音频轨道"的表示方式是 A1、A2、A3 等，意思是可以添加多轨音频，"视频轨道"的添加方式和"音频轨道"的添加方式相同，如图 7-22 所示。

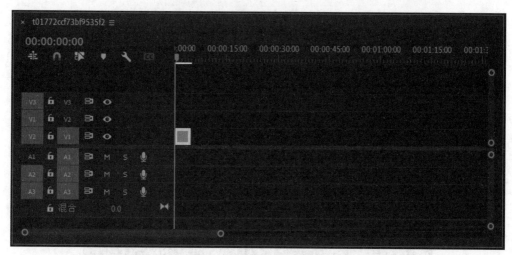

图 7-22 "时间轴"面板展示

（6）工具箱。工具箱主要用来对"时间轴"面板中的音频、视频等内容进行编辑。工具箱中的常用工具有"选择工具""向前选择轨道工具""波纹编辑工具""剃刀工具""文字工具"等。"选择工具"主要用于素材的选择及素材位置的调整。当需要对多段素材进行整体移动时，使用"向前选择轨道工具"选中一段视频后，该段视频"向前"的所有视频片段都会被选中；如果要选择"向后"的全部视频片段，则可以使用"向后选择轨道工具"，长按该图标就会出现该工具。使用"波纹编辑工具"拖拉素材，可以更改素材的长度。"剃刀工具"可用于视频和音频的剪辑。"文字工具"主要用于为视频添加文字，如图 7-23 所示。

图 7-23 工具箱展示

7.2.2 视频编辑与制作的方法

下面以阿里巴巴国际站的主图视频为例制作网站视频，阿里巴巴国际站对主图视频的质量要求如下。

（1）时长：视频时长不超过 45 s，商品展示视频建议不少于 20 s。

（2）文件大小：单个视频大小不超过 100 MB。

（3）分辨率：视频分辨率不低于 640 像素 ×480 像素。

· 137 ·

（4）画面展示：建议横屏拍摄。

（5）画面背景：素色或者虚化。

制作视频的步骤如下。

步骤1：新建项目。打开 Premiere Pro 2020，在"主页"窗口中单击"新建项目"按钮。弹出"新建项目"对话框，在"名称"中输入"收纳盒-主图"，单击"确定"按钮，如图7-24所示。

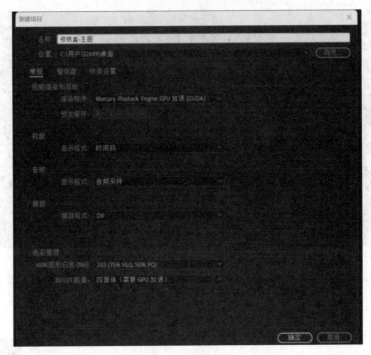

图 7-24　新建项目

步骤2：导入素材。双击"导入媒体以开始"区域。在弹出的"导入"对话框中选中需要导入的素材，单击"打开"按钮，如图7-25所示，即可在"项目"面板中显示导入的素材。

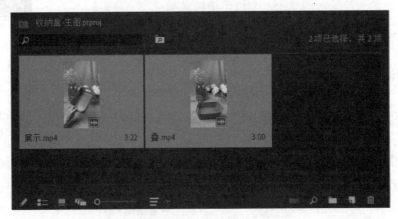

图 7-25　导入素材

步骤 3：单击"项目"面板右下角的"新建项"按钮，在弹出的下拉列表框中选择"序列"选项。弹出"新建序列"对话框，该对话框用于设置视频的参数，如时基、帧大小、像素长宽比、采样率等，如图 7-26 所示。

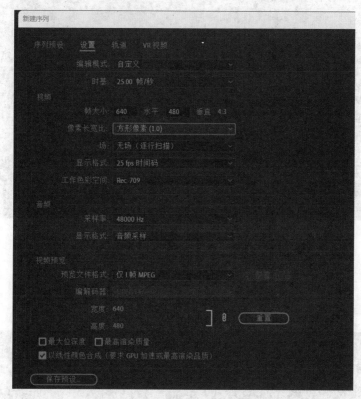

图 7-26　新建序列并设置视频参数

步骤 4：选中素材"展示.mp4"，拖入"源"面板，使用 按钮只将视频画面拖入"时间轴"面板，如图 7-27 所示。

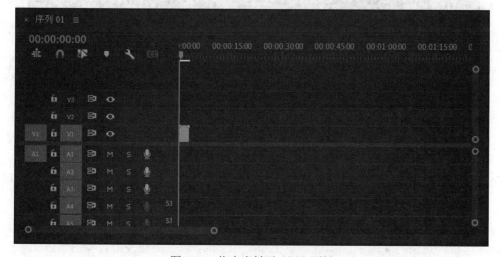

图 7-27　拖曳素材至"源"面板

步骤5：选中"时间轴"中的素材"展示.mp4"，单击效果控件改变视频的缩放比例和位置，数值如图7-28所示。

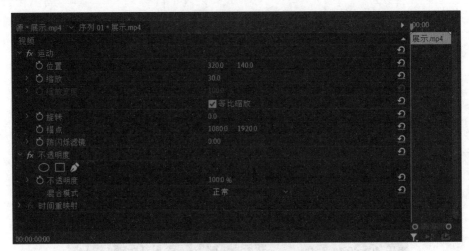

图7-28 使用效果控件调整视频

步骤6：选中素材"叠.mp4"，拖入"源"面板，使用■按钮只将视频画面拖入"时间轴"面板，选中"时间轴"中的素材"叠.mp4"，单击效果控件改变视频的缩放比例和位置，数值如图7-29所示。

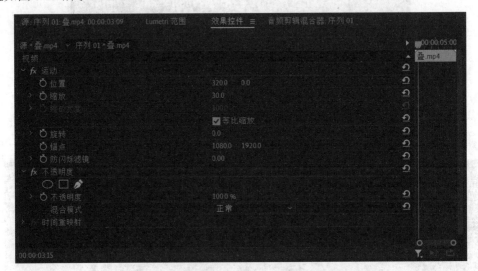

图7-29 拖曳素材至"源"面板并调整参数

步骤7：选中素材"叠2.mp4"，拖入"源"面板，使用■按钮只将视频画面拖入"时间轴"面板，选中时间轴中的素材"叠2.mp4"，单击效果控件改变视频的缩放比例和位置，数值如图7-30所示。

步骤8：选中素材"叠3.mp4"，拖入"源"面板，使用■按钮只将视频画面拖入"时间轴"面板，选中时间轴中的素材"叠3.mp4"，单击效果控件改变视频的缩放比例和位置，数值如图7-31所示。

第 7 章 跨境电子商务网店视频的拍摄、编辑与制作

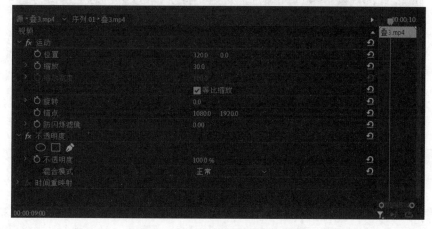

图 7-30 将视频拖入"时间轴"并调整参数

图 7-31 使用效果控件调整视频

步骤 9：选中导入的两段视频素材并将它们拖入"时间轴"面板，发现视频的总长度少于 20 s，可以通过对视频进行降速处理来控制视频的长度。在"时间轴"面板里选中视频素材，单击鼠标右键，在弹出的快捷菜单中选择"速度/持续时间"命令，在弹出的"剪辑速度/持续时间"对话框中调整速度数值，如图 7-32、图 7-33 和图 7-34 所示。调整后，可以看到视频变长了，如图 7-35 所示。

图 7-32 "剪辑速度/持续时间"对话框

图 7-33 调整持续时间

图 7-34 调整速度

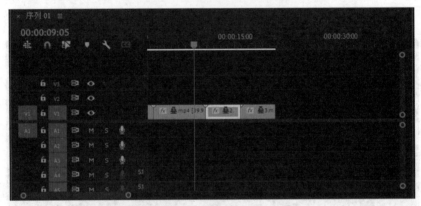

图 7-35 视频最终效果

步骤 10：单击"项目"面板右下角的"新建项目"按钮，在弹出的下拉列表框中选择"调整图层"选项。弹出"调整图层"对话框，单击"确定"按钮。按住鼠标左键不放，将"调整图层"拖至 V2 轨道，松开鼠标。将鼠标指针移动到 V2 轨道的末端，然后按住鼠标左键不放并拖动，调至与视频素材同样的长度，松开鼠标，如图 7-36 所示，此时便可以在"调整图层"上对视频进行调色，而不会影响原视频。

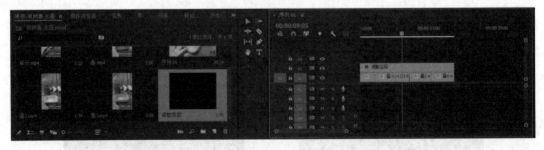

图 7-36 新建调整图层

步骤 11：选中"调整图层"，在 Premiere 窗口上方选择"颜色"选项，切换到"颜色"工作区，此时窗口右边会显示"Lumetri 颜色"面板，其中包含"基本校正""创意""曲线""色轮和匹配"等调色选项组，单击任一选项组即可对该选项组内的各个参数进行设置。本例调整视频色彩的参数设置，如图 7-37 所示。

第 7 章 跨境电子商务网店视频的拍摄、编辑与制作

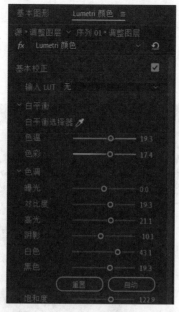

图 7-37 调整颜色

步骤 12：在素材"展示 .mp4"和素材"叠 .mp4"之间加入转场效果，选中"效果"选项，在搜索框中搜索"黑场"，将效果拖入素材之间，如图 7-38 所示。

图 7-38 加入转场效果

步骤 13：添加音频。将素材文件夹中的音频"1.mp3"导入"项目"面板，然后将其拖入"时间轴"面板的 A1 轨道，当前音频轨道的长度超过了视频轨道的长度，因此需要将音频的多余部分剪掉，如图 7-39 所示。

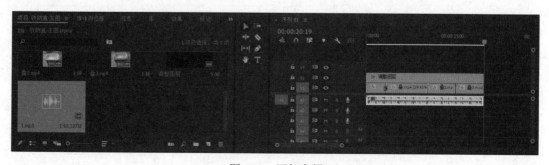

图 7-39 添加音频

步骤14：选择菜单栏中的"文件"→"保存"命令，保存项目。然后选择菜单栏中的"文件"→"导出"→"媒体"命令，弹出"导出设置"面板，在"格式"下拉列表框中选择"H.264"选项，即 MP4 格式；单击"输出名称"右侧的文件名，如图 7-40 所示，选择视频的保存位置。单击右下角导出按钮，完成导出。

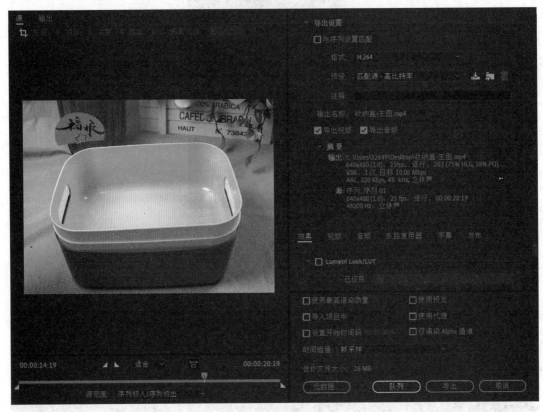

图 7-40　保存文件

拓展实训

公司宣传视频的拍摄

1. 任务描述

视频拍摄除需要拍摄商品，还需要拍摄公司的宣传视频等，以达到同时宣传商品及公司品牌的效果，下面将运用前面掌握的技巧进行公司宣传视频的拍摄。

2. 任务实施

（1）对之前完成的商品文案脚本增加宣传内容后，修订拍摄任务单。

（2）补充场景说明：细化分镜头拍摄要求，增加公司宣传部分分镜头并填写，如表 7-1 所示。

第7章 跨境电子商务网店视频的拍摄、编辑与制作

表7-1 补充场景说明

镜头编号	镜头运动	景别	时间长度/s	画面内容	对白（旁白）	音乐音效	备注
1	摇	全景	3	微俯角度展示几款不同颜色的咖啡杯按不同角度放置在桌面，桌面有绿植及报纸等	无	轻快的背景音乐	室内办公环境
2	定	中景	3	模特旋转咖啡杯；配以文案进行辅助说明	英文解说	轻快的背景音乐	室内办公环境
3	定	全景	5	公司前台展示：员工、公司名称	英文解说		公司
4	跟	中景	6	办公环境拍摄	英文解说	无	公司
5	定	特写	4	生产器械自动化生产	英文解说		工厂
—	—	—	—	—	—	—	—

（3）根据修订完成后的分镜头脚本进行拍摄。

第 8 章 跨境电子商务平台视觉营销的应用

知识目标

1. 掌握亚马逊平台的视觉营销方法。
2. 掌握全球速卖通平台的视觉营销方法。
3. 了解其他主流跨境电子商务平台的视觉营销方法。

8.1 亚马逊平台的视觉营销

8.1.1 亚马逊视觉营销简介

亚马逊（Amazon）是美国最大的跨境电子商务公司之一，总部位于华盛顿州的西雅图，是最早经营电子商务的公司之一。亚马逊成立于1995年，一开始只在线经营书籍销售业务，现在的业务范围则相当广泛，已成为全球商品品种最多的网络零售商和全球第二大互联网企业。

亚马逊及其平台销售商为客户提供了数百万种独特的全新、翻新及二手商品，种类涵盖图书、影视、音乐和游戏、软件下载、电子产品和计算机、家居园艺用品、玩具、婴幼儿用品、食品、服饰、鞋类和珠宝、健康和个人护理用品、体育和户外用品、玩具、汽车及工业产品等。

2004 年 8 月，亚马逊全资收购卓越网，结合其在网络零售领域的优势与卓越网深厚的中国市场经验，进一步提升了客户体验。亚马逊在 2017 年全球电子商务公司排行榜中位居第二，其营销活动在网页中体现得最为充分。下面来了解一下亚马逊的视觉营销。

对于买家而言，无论在哪个平台购买商品，第一眼关注的就是商品的图片。图片是决定买家是否购买的关键因素。在亚马逊平台销售商品，卖家必须提交符合亚马逊平台标准的、清晰易懂、信息丰富且外观吸引人的图片，最好请专业摄影师拍摄或使用专业相机拍摄，不建议使用手机拍摄。好的商品照片是凸显店铺品质的第一步。

1. 主图要求

第一，图片必须清晰、直接且真实地反映商品的情况。

第二,图片展示的主体应为最终销售的商品,不要误导买家,使其分不清卖的是什么商品,如图 8-1 中有手机壳,又有手机屏幕保护膜,还有手机,让人分不清哪个是商品主体。

第三,商品需要占主图 85% 以上的画面且不能有水印、Logo、包装等。

第四,美国服装类平台的图片不能用假模特、衣架,只能用真人模特或者平铺拍摄;英国服装类平台则不能平铺拍摄,其他要求与美国平台一致。

第五,鞋类主图要求只放左脚,脚尖指向左下角;服装类主图只能放一张正面的展示图片,如图 8-2 所示。

图 8-1 展示图片

图 8-2 商品正面展示

第六,颜色。主图必须是白底图〔图片背景的 RGB 值是(255,255,255)〕。

第七,明暗。拍摄商品忌亮处过曝,暗处不能与背景融合在一起,否则会造成设计抠图时,对于模糊不清的边缘无从下手。

2. 辅图要求

商品其他角度的图像(如背面)可以通过辅图展示。一个商品最多可以提供 8 张辅图,辅图可以不用纯白背景,但是不可以有 Logo、文字及水印。

3. 图片尺寸

按亚马逊平台要求,商品主图只有达到 1001 像素 ×1001 像素及以上才能启动放大功能,分辨率要求为 72 dpi。

4. 文件名及图片格式

亚马逊平台只接受 JPEG(.jpg)、TIFF(.tif)或 GIF(.gif)图片格式。推荐使用 JPEG(.jpg)格式且推荐使用 SKU 编号来命名。

8.1.2 亚马逊"A+"页面

亚马逊平台为了规范第三方卖家,从源头上切断了描述页面里藏有虚假广告的可能,以保证商品描述页面的高质量。目前,亚马逊对第三方卖家的描述页只开放简单的文字,而"A+"页面简单来说就是图文并茂的描述页面,如图 8-3 所示。

图 8-3 "A+"页面的展示效果

"A+"页面看上去简单,实际上对亚马逊页面的转化率具有深远的影响,具体包括:将 Amazon 商品页面上以往没有人注意的商品描述变成了展示品牌和商品优势的黄金位置;充分体现卖家的品牌、商品细节、公司理念;"A+"页面设置完成后将非常美观。

实际数据表明，带有"A+"页面的商品的转化率比普通商品高出 40% 以上。

获得"A+"页面的前提是卖家必须成功完成亚马逊品牌保护的注册。简单来说，亚马逊品牌保护需要符合以下条件：在美国或其他国家递交商标的回执或证书；商品本身需要印有商标，商品包装需要能够看到商品商标（特别注意：后期制作的图片将无法通过品牌注册）；官网能够显示商标、商品（带商标）、联系方式（亚马逊后台联系方式）；卖家的品牌名称、商品具有唯一识别标志，如 UPC；要在亚马逊平台卖家中心提交注册信息，如图 8-4 所示。

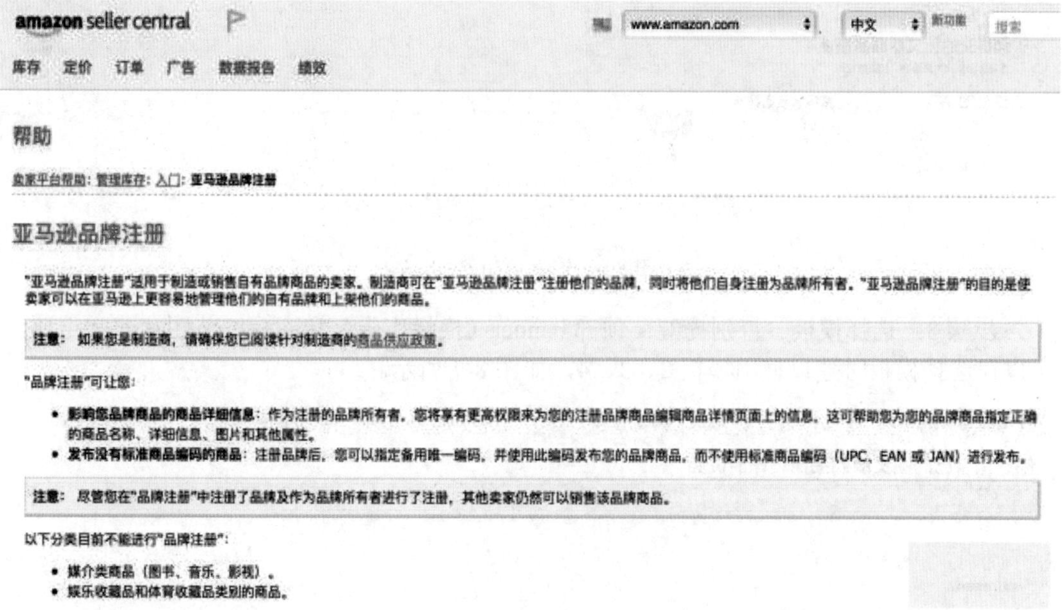

图 8-4 亚马逊品牌注册

完成亚马逊品牌注册后，卖家可以根据以下步骤创建"A+"页面。

步骤 1：在后台卖家中心选择"广告"→"图文版品牌描述"命令，如图 8-5 所示。

图 8-5 选择"图文版品牌描述"命令

步骤 2：确定创建的商品已在申请亚马逊品牌保护的类别中发布，没有使用 UPC 或 EAN，而是通过 GCID（global catalog identifier，全球目录编码）创建，输入相关商品的 SKU（stock keeping unit，最小存货单位），如图 8-6 所示。

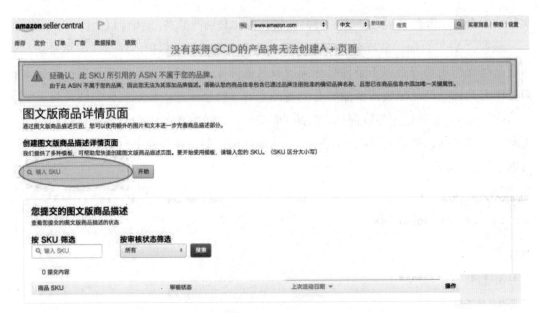

图 8-6　输入商品的 SKU

步骤 3：选择模板。特别提醒：顶部 banner（横幅广告）和商品细节图片非常重要，所以在选择模板时建议使用模板 2、3、4，如图 8-7 所示。

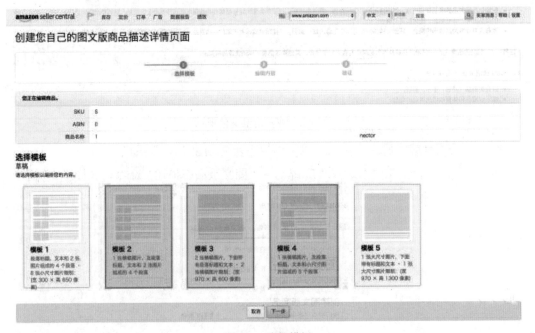

图 8-7　选择模板

步骤 4：添加商品内容（注意文字与图片的搭配效果，不要图片太大、文字太少），如图 8-8 所示。

第 8 章 跨境电子商务平台视觉营销的应用

图 8-8　添加商品内容

步骤 5：预览"A+"页面，如图 8-9 所示。

图 8-9　预览"A+"页面

步骤6：等待审核通过，如图8-10所示。

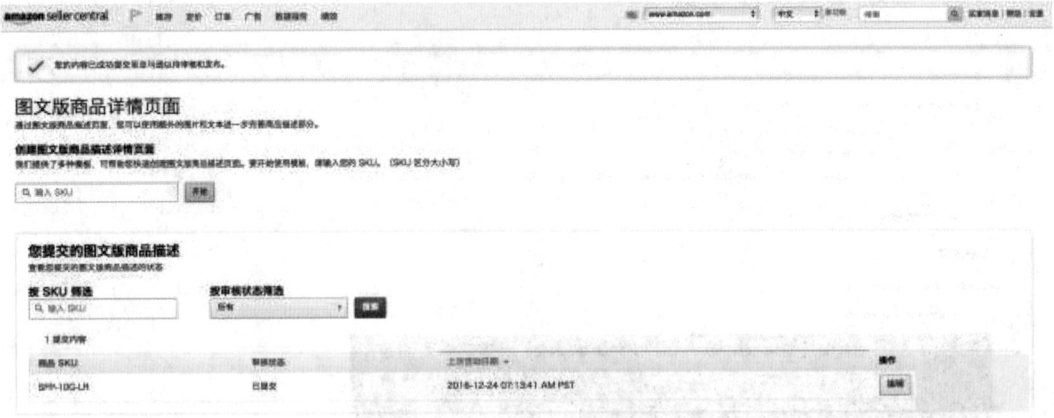

图 8-10　等待审核通过

卖家设置的"A+"页面递交后，亚马逊一般会在7个工作日内审核，并决定是否允许发布，但是按照目前的时间来看，亚马逊一般在2个工作日内便可以给出审核结果。然而，多数卖家发现亚马逊的"A+"页面申请并不容易通过审核，却不知道问题出在哪里。下面我们将申请亚马逊"A+"页面被拒的原因按照文字表述问题和图像问题分别罗列出来。

（1）文字表述问题。

① 介绍自己是卖家或分销商，并给出公司的联系方式。

② 写有排他性文字，如"only sold by authorized resellers"。

③ 写有价格歧视性文字，如"cheapest on Amazon"。

④ 写有发货信息，如"Free shipping"。

⑤ 写有煽动性促销语，如"Best Seller""On Sale"。

⑥ 写有客户评价或其他广告语。

⑦ 写有产品保质期或返修条款。

⑧ 存在违法或违反道德的表述。

（2）图像问题。

① 图像的分辨率太低。

② 图像中没有显示公司Logo或商品。

③ 图片重复。

④ 模仿亚马逊平台的图片或Logo。

⑤ 使用第三方图片或公司的Logo。

⑥ 显示公司的联系方式或网址。

⑦ 使用裸露、暴力的图片。

⑧ 图像中使用水印。

8.2 全球速卖通平台的视觉营销

8.2.1 全球速卖通简介

全球速卖通（英文名：AliExpress）是阿里巴巴旗下面向国际市场打造的跨境电子商务平台，被广大卖家称为"国际版淘宝"。全球速卖通面向海外买家，通过支付宝国际账户进行担保交易，并使用国际物流渠道运输发货，是全球第三大英文在线购物网站。全球速卖通覆盖3C、服装、家居、饰品等共30个一级行业类目，其中优势行业主要有服装服饰、手机通信、鞋包、美容健康、珠宝/手表、消费电子、电脑网络、家居、汽车/摩托车配件、灯具等。

据海关统计，2023年一季度我国货物贸易进出口总值为9.89万亿元，同比增长4.8%。其中，出口总值约5.65万亿元，同比增长8.4%。"出海"成为越来越多企业的共识，全球速卖通为帮助中国商家更好地应对全球复杂环境下的挑战，可谓动作频频。2023年4月19日，全球速卖通召开商家峰会，行业运营总经理靳科在会上表示，2023年以来，全球速卖通已经进入快速增长的轨道，3月全球速卖通订单同比增长超过50%，达到历史新高。靳科在大会上宣布了全球速卖通"2023年重要的3件事：正式推出全托管、提升到货时效、提升购买体验"，如图8-11所示。

图8-11 全球速卖通"2023年重要的3件事"

8.2.2 全球速卖通的店铺装修设计

全球速卖通店铺的装修步骤如下。

步骤1：打开全球速卖通商家后台，进入界面以后选择"店铺"，选择"店铺装修"选项，单击界面中的"进入装修"按钮 进入装修 ，如图8-12所示。

图8-12 单击"进入装修"按钮

步骤2：进入装修页面，选择"新品页面"选项，如图8-13所示。

图8-13 首页页面

步骤3：进入新品页面，然后单击"装修页面"按钮，进入装修页面，如图8-14所示。

图8-14 新品页面

步骤4：单击"装修页面"按钮后的界面如图8-15所示。

步骤5：进行装修。该页面有三个模块。

（1）新品所见即所得模块：不支持商家编辑，系统会自动抓取买家浏览过的新品进行推荐，如图8-16所示。

（2）推荐新品模块：商家可自定义上传，如图8-17所示。

第8章 跨境电子商务平台视觉营销的应用

图 8-15 模块界面

图 8-16 新品所见即所得模块

图 8-17 推荐新品模块

（3）新品日历模块：不支持自定义上传，如图 8-18 所示。

图 8-18　新品日历模块

8.3　其他主流跨境电子商务平台的视觉营销

8.3.1　eBay 平台的视觉营销

eBay 是一个全球性线上拍卖及购物网站，于 1995 年 9 月 4 日由皮埃尔·奥米迪亚创立于美国加利福尼亚州圣荷塞。目前，eBay 已经成为全球最大的网络交易平台之一，是为个人用户和企业用户提供国际化网络交易的平台。截至 2018 年 3 月，已开设美国主站点和加拿大、中国、法国、德国等的 31 个全球站点。

eBay 是一个基于互联网的社区，买家和卖家在这里一起浏览、买卖商品。eBay 交易平台完全自动化，按照类别提供拍卖服务，让卖家罗列要出售的东西，买家对感兴趣的东西提出报价。来自世界各个角落的超过 9500 万的 eBay 会员在这里形成了一个多元化社区，他们买卖上亿种商品，从电器、计算机到家居用品，再到各种独一无二的收藏品。此外，eBay 还有定价拍卖模式，买家和卖家可按照卖家确立的固定价格进行交易。

eBay 平台视觉营销体现在图片标准和视觉营销技巧两个方面。

1．eBay 的图片标准

eBay 卖家至少要为待售物品上传 1 张照片，最多可上传 12 张照片。实践表明，上传的高质量图片越多，越能提高浏览量并促进成交。

卖家所上传的物品照片必须满足 eBay 的图片标准，具体如下。

（1）至少为每个待售物品提供一张图片。

（2）图片的最长边至少为 500 像素。

（3）图库图片只能用于全新物品，不能用于二手物品。

（4）图片不得添加边框、文本或插图。

（5）可以使用水印标明图片的所有权和归属权，但不能用于营销。

如果图片不满足平台的大小要求，需立即更新、拍摄新图片或从制造商那里获取更好的图片。

2．视觉营销技巧

（1）简洁为美。图片/视频拍摄背景最好是简单、无多余装饰的白色背景。因为在这样一个干净、简洁的环境中可以全方位地展示商品，体现其专业性。

（2）为移动端和缩放功能进行图片优化。eBay 规定手机拍摄照片的最长边最少需要达到 1600 像素，所有数码单反相机和智能手机的默认设置都是这个值，因此只要照片没有被裁剪过，其像素基本上都是达标的。同时，eBay 也对缩放功能做出了优化，买家在网站上放大产品图片，实际上看到的是原始大小的图片，如图 8-19 所示。

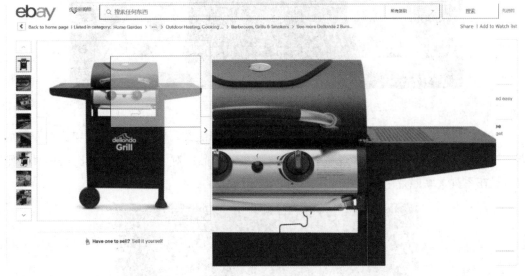

图 8-19　放大产品图片

（3）多角度拍照。eBay 的每个网页允许上传 12 张照片，包括前面、背面、侧面等，方便买家从各个角度看到产品的外观，如图 8-20 所示。需要注意的是，如果产品的侧面、前面和背面是一样的，则不需要重复上传。

图 8-20　多角度展示

（4）采用特写。eBay 产品图片还需要特写，以便更好地展示产品的特殊功能或质地。虽然买家可以放大产品图片（假设卖家已启用缩放功能，照片为高分辨率），但不是所有买家都知道怎样放大图片。卖家可以通过特写引导他们选购，如展示价格标签、商品特征、按钮细节，如图 8-21 所示。

图 8-21　户外烤炉的特写

（5）根据产品提供以不同场景拍摄的照片。对于服装，可以让模特试穿或把衣服放平，这样买家可以从多个角度观察他们想要购买的产品；对于家居用品或厨房用具，则应尽量在系列关联照片中突出产品，如图 8-22 所示。

图 8-22　以不同场景拍照

（6）不要过度编辑。不要对图片进行过度的色彩和效果处理，在编辑上不要走极端，

第 8 章 跨境电子商务平台视觉营销的应用

尽量少做改变，以确保图片可以准确代表产品本身。如果产品看上去和照片完全不同，会给未来的销售造成阻碍。

8.3.2 Wish 平台的视觉营销

Wish 是一款近年来交易额迅速增长的购物 App。它的两位创始人曾经在谷歌、雅虎等互联网公司从事软件技术工作，2009 年成立 Wish 的母公司 ContextLogic，2011 年两人联合创立了 Wish，主打图片社交功能。2013 年 3 月，Wish 在线交易平台正式上线，成功转型跨境电子商务，不到一年，平台交易额超过 1 亿美元；2014 年，为了进一步拓展中国供应商资源，Wish 在上海设立了分部，并大举开展招商活动，Wish 的跨境电子商务业务进入高速发展时期，成为跨境电子商务平台中的一匹黑马；2015 年，Wish 持续自我颠覆，在推出电子产品应用 Geek 和母婴应用 Mama 后，又推出美容类垂直应用 Cute。几年时间内，Wish 已经成为可以和 Amazon、eBay 等一较高下的电子商务平台。

Wish 在过去几年间的成功具有爆发性，得益于模式的优势：在移动化浪潮下，赶上了跨境电子商务的风口，并率先将智能推荐算法技术完全运用到电子商务中。如今移动化、跨境电子商务、智能推荐算法持续蓬勃发展，Wish 既需要自我颠覆，又需要完善平台业务。Wish 凭借在跨境电子商务移动端平台占据的先机，未来有着更为广阔的发展空间。

上传 Wish 平台的每个产品都必须附上一张或者多张清晰直观、便于理解的产品图片，要求能够准确地展示此产品，体现丰富的产品信息，对客户产生足够的吸引力。可能的话尽量多放置几张不同角度、不同细节的图片。

如果图片质量和标准没达到 Wish 的要求，那么平台有权拒绝卖家上传的图片。具体要求如下。

（1）产品主图。主图的背景必须是纯白色〔Wish 搜索和产品详情界面也是纯白色的，纯白色的 RGB 值是（255，255，255）〕；主图不能是绘图或者插图，而且不能包含实际不在订单内的配件、道具；主图不能带 Logo 和水印（产品本身的 Logo 是允许的）；主图中的产品最好占据图片大约 85% 的空间；产品必须在图片中清晰可见；如果有模特，那么模特不能是坐姿，最好站立且必须用真人模特，不能使用服装店里的模型模特，不能包含裸体信息。

（2）产品辅图。辅图应该对产品做出不同侧面的展示或产品使用场景的展示。卖家最多可以添加 8 张辅图；辅图最好是纯白色背景，但不做强制要求；辅图不能带 Logo 和水印（产品本身的 Logo 是允许的）；产品必须在图片中清晰可见；与主图要求一样，如果有模特，模特不能是坐姿，最好站立，如图 8-23 所示。

（3）图片尺寸。图片长度和宽度的任意一边大于 1000 像素时，就可以设置 zoom function（图片放大功能）。zoom function 已被 Wish 证实对提高产品销量有一定的帮助。图片的最短边如果小于 500 像素，上传时会被 Wish 平台直接拒绝。

（4）图片格式。Wish 平台支持上传 JPEG、TIFF、GIF 等格式的图片，推荐使用

JPEG 格式的图片，这个格式的图片上传速度更快。

图 8-23　产品辅图展示

（5）图片的数量。Wish 图片的上传上限为 50 张，这其实就是卖家可以对一款产品进行图片操作的上限。例如，一款产品卖家第一次上传了 5 张图片，但是由于对其中的一张不太满意，随之卖家又上传了两张图片，这时卖家对图片的操作就是 7 次，依次累计。

8.3.3　Lazada 平台的视觉营销

Lazada 于 2012 年成立，总部设在新加坡，业务范围覆盖印度尼西亚、马来西亚、菲律宾、新加坡、泰国和越南 6 个东南亚国家，是东南亚第一大 B2C 平台，也被称为"东南亚版亚马逊"。Lazada 早期的创新之一是采用货到付款的支付方式。基于这种交易方式所建立起来的信任让 Lazada 在上线短短三年内就实现了超过 10 亿美元的商品交易总额。2015 年 3 月，Lazada 开始对中国卖家开放，2016 年阿里巴巴以大约 10 亿美元的价格收购 Lazada 的控股权。2022 年 3 月 27 日，东南亚旗舰电子商务平台 Lazada 迎来一年一度的"3·27"生日大促，开售 10 分钟，平台销售额即达到平日的 66 倍。

目前，Lazada 开放平台上主要销售 13 个品类的商品，涉及美妆、家居、时尚、电子产品和运动装备等。其中，时尚、健康和美妆是增长得最迅速的业务。中国的手机品牌小米、一加等已在 Lazada 销售。

Lazada 的视觉营销要点重点体现在以下方面。

1. 产品主图

Lazada 平台对产品主图的要求包括：背景色单一、画面清晰、品牌突出、主体产品突出以及差异化，如图 8-24 所示。具体如下。

（1）商品主图的尺寸与大小：800 像素 ×800 像素以上；500 KB 以内。

（2）要求 JPG 或 GIF 格式，可以实现放大镜功能（提示：小图片是不能被放大的）。

图 8-24　Lazada 产品展示

（3）比例为 1∶1 的正方形且无边框。

2. 产品详情页图片

详情页即产品描述（product description），用于介绍产品特性、展示产品图片、充当产品的销售人员，极大地影响产品转化率，其重要性不言而喻。Lazada 对详情页图片的要求：尺寸高度没有限制，但并不是越大越好，应从顾客角度查看页面，尤其要注意 App 端图片加载速度和展示比例的问题；图片分辨率不得小于 72 dpi；清晰展示产品及细节，轮廓流畅，不可模糊、有噪点或者像素化。

3. 详情页面模块分解

详情页建议包含以下两个模块。

（1）模块一。促销氛围：参加促销，配合活动的主题，提高点击率。卖点展示图：根据卖点制作一系列卖点展示。产品信息整合图：整合产品信息，缩短页面长度，优化阅读体验。产品展示：合理安排布局，放置细节图和产品包装图。质量检测模块：展示所获得的第三方机构认证书。产品设计亮点展示：展示产品设计上的亮点和细节，提升产品的预估价值。

（2）模块二。原材料展示：通过对原料背景亮点的挖掘，提升产品的预估价值。适应目标顾客：通过分析目标顾客，选择相关信息，提升可阅读性。使用建议：汇总各种使用方法。品牌实力：展示品牌实力、介绍历史或者相关荣誉。购物须知：对客户经常询问的一些问题进行汇总解答，打消顾客疑虑，提高转化率。

4. 店铺装修工具的使用方法

2018 年 1 月，Lazada 在店铺装修的标头（Header）新增标志功能，这一升级可以让顾客直接从标志认出卖家的店铺，提高品牌曝光率的同时也让店铺拥有独一无二的版面。店铺装修支持的模块包括：横幅模板——加入自定义的图片作为横幅；新品模板——在店铺页面置顶展示最新产品作为产品推荐；热销模板——在店铺页面置顶展示最热销产品作为产品推荐；营销模板——结合自定义横幅及产品推荐。

卖家可以通过上传设计好的图片和定制模板，使以上模块呈现定制化和个性化视觉效果，达到美化店铺的目的。

拓展实训

全球速卖通卖家注册

1. 任务描述

掌握全球速卖通的根本功能及各功能的操作技巧,能够利用该网站及其相关网站完成国际贸易业务的拓展。

2. 任务实施

(1)在全球速卖通平台开通自己的店铺,了解并学习速卖通相关的规则。

(2)上传商品,优化店铺的相关内容。

(3)能够熟练地操作交易的具体流程。

(4)了解相关话术,熟悉顾客的购买意图。

参 考 文 献

1. 金贵朝. 跨境电商视觉营销 [M]. 北京：电子工业出版社，2022.
2. 邓健宇. 跨境电商视觉设计与营销 [M]. 北京：电子工业出版社，2021.
3. 邓志超，莫川川. 跨境电商基础与实务 [M]. 2版. 北京：人民邮电出版社，2021.
4. 王玉，屈挺. 跨境电商：理论、系统与方法 [M]. 北京：清华大学出版社，2023.
5. 胡国敏，王红梅，周毅. 跨境电商网络营销实务 [M]. 北京：中国海关出版社，2018.
6. 余以胜，吕星海，杨泽乾. 跨境电商实务：速卖通运营与实操 [M]. 北京：人民邮电出版社，2022.
7. 赵爱香，余云晖，陈婕. 网店美工案例教程 全彩微课版 [M]. 北京：人民邮电出版社，2020.
8. 杭俊，王晓亮. Photoshop 网店美工实例教程 [M]. 3版. 北京：人民邮电出版社，2023.
9. 杨毅玲. 网店美工 [M]. 2版. 北京：电子工业出版社，2022.
10. 张修. 电商设计解析与案例教程 [M]. 北京：人民邮电出版社，2021.
11. 马静义. 电商视觉营销与设计 [M]. 北京：人民邮电出版社，2022.
12. 李彦广，龚雨齐. 电商视觉营销设计必修课：Photoshop 版 [M]. 北京：清华大学出版社，2021.